この一冊を昭和のあなたに捧げます

目次

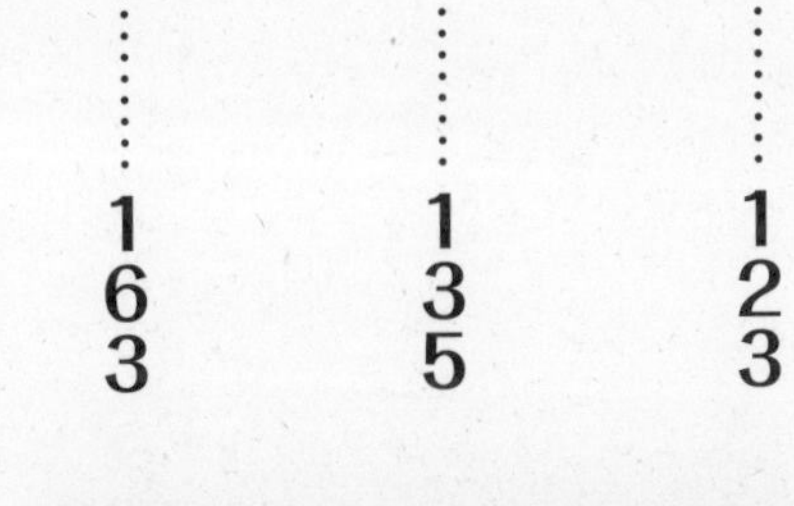

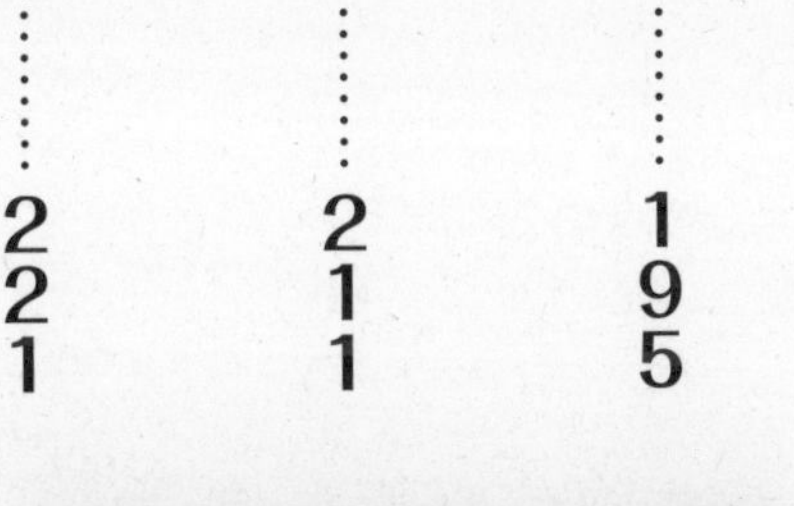

カバーイラスト
佐々木知子〈似顔絵かば商会〉

前田武彦さん

コタツに入って原稿を書いている前田武彦※さん。

小ぢんまりとした和室である。

それほど広い部屋ではないけど、窮屈なほど狭くもない。

サイドボードはちょっと洒落ている。上には人形が一体。ドレスを着ている。脚がスラリと伸びて綺麗。今思うとバービーちゃんだったのかも知れない。

何度か書き直しては原稿用紙を手でまるめてゴミ箱へと捨てた。

達筆である。萬年筆で書いている。インクは緑。斬新だった。

ややしばらくして原稿が完成した。

三枚ほどの書きあげた原稿をチェックして、

「奥山くん、これを急いで届けて♡」

どこへ届けたんだろう？

届け先は思い出せないけど、かなり急いで外へ出たことだけは覚えている。

この原稿の中身は詞である。

『エイトマン』※だった。

原稿を抱えて走りながら「凄いなァ……」とつぶやいていた。

スゴイ、びっくり、たまげた、感動、感激、偉い、さすが、天才だなどなど全部の気持ちが入っていたと思う。あの日本中を大合唱させた『エイトマン』の詞をコタツの中で、ほんの何時間かで完成させたのだから……。

前田武彦
昭和4年4月3日生まれ。開局間もないNHKの放送作家としてテレビの黎明期から番組作りに携わり、やがて番組司会者として、『笑点』『夜のヒットスタジオ』『ゴールデン洋画劇場』や、いくつもの冠番組を持って表舞台で活躍する一方、エッセイや作詞などの執筆活動も続けた。

『エイトマン』

週刊少年マガジンに昭和38年から昭和40年にかけて連載されたSF漫画（原作／平井和正、作画／桑田次郎）。テレビアニメは昭和38年11月から放映されたので、大慌てで作詞していたのは同年9月ぐらいか。連載中の少年マガジンの後ろの表紙にはエイトマンふりかけの広告がドドーンと載っていたので、エイトマンふりかけも爆発的に売れた。ちなみに克美しげるが唄った主題歌『エイトマンのうた』

あれから半世紀以上経っているというのに、何かの折に『エイトマン』が流れると、コタツで、ほんのちょっとは悩みながらもコトもなげに書き上げたあの情景が、ワタシの頭の中にふわっと浮かんでくる。

驚いたことに『エイトマン』のイントロのトランペットはクワマンこと桑野信義の父親だそうだ。

北海道の旭川東高校の定時制を卒業したあと、少々の荷物を持って上京し、ライブハウスのスタッフやバンドボーイをしながら放送業界で働くことに憧れ、ある人の紹介で前田武彦さんの弟子になってすぐの出来事だった。

その頃、前田武彦さんのほかにあと二人の天才が活躍していた。

永六輔さんと青島幸男さん。この三人を新聞が取り上げていた。キャッチフレーズは『軽佻浮薄《けいちょうふはく》三人組』。

三人の共通項は放送作家が生業《なりわい》ということだ。活躍のジャンルは微妙に違うけど、世間から見ると同じ穴の狢に見えたのだろう。

前田武彦さんと青島幸男さんは同じ事務所に所属していた。

エマノンプロ。〈EMANON〉は逆から読むとノーネームになる。

ちょっとした遊び心のある事務所で、当時は大橋巨泉さんも居た。他に作曲家の三保敬太郎さんや倍賞千恵子さんも所属していた。

純粋な芸能プロダクションではなくて、税務関係に強い事務所だった。

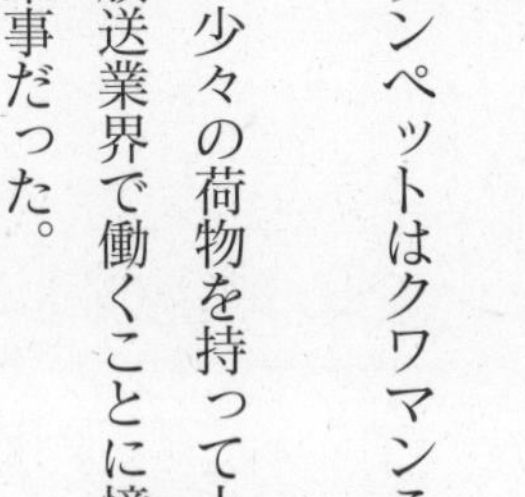

は1996年にCD化されているものの絶版。中古市場でも入手困難な模様。

放送作家から出演する側に立場が変わった前田武彦さんの名言がある。

《収入三倍、暇三倍》

日本テレビの『茶の間のリズム』という番組で、ほんの一瞬、前田さんは黒い鞄を抱えて画面を横切る。ただそれだけの〈変な作家〉という役で収入が三倍になった。悩みに悩んで台本を書いている放送作家の収入なんて高が知れているのである。

その番組のマスコット的な存在だった女子高生が今思うと三田佳子だったと思う。

前田武彦さんは今風に言うと、チョイ悪オヤジで格好がよかった。

愛車は発売されたばかりだったボルボのツーシーター。色は深紅。助手席にはワタシ奥山が座っている。当時は免許証がなかったので、師匠である前田さんの運転で、しかも日本テレビからTBSまでの、それこそ車で一〇分の距離を助手席でふんぞり返って寝ていた。テレビ朝日に行く時も、フジテレビに行く時も同様だった。

「奥山くん、着いたよ〜」

「ん？　あっ、スイマセン」

「キミは車が嫌いなのかい？」

「いえ、大好きです。北海道ではバイクでバリバリ走り回っていました。カミナリ族なんて呼ばれていましたからね〜」

「でも、キミはボクのところへ来て一年以上経つけど、一度も車を洗ったことがないよね」

優しい先生だった。

ただ、ある日、ワタシは優しくクビになる。

前田武彦さんが事務所を移籍することになったのだ。ちょっとしたスキャンダルを週刊誌が追っていた。

あの『エイトマン』を作詞した時のコタツの和室。多分、あの部屋は訳あり女性のアパートだったのかもしれない。その後、現在に至るまで芸能界を地獄のように震えあがらせている週刊誌のスクープ記事の多分第一号だったと思う。

あらゆる手を使ってもみ消しを図る。これも現在と同じだけど、前田武彦さんは週刊誌対策ということで雑誌社と太いパイプがある事務所に移籍することになる。

本人一人の移籍なので弟子の奥山は不要《いらない》……そりゃそうだ。前田武彦さんにとって初めての弟子が車ひとつ磨かない駄目男なのだから。

事務所からの伝言を聞いたワタシは青島幸男さんの担当をしていた友人の近藤くんに「オレを青島さんの担当にさせて？」とお願いした。大きな芸能プロじゃないので、その辺りはゆるかった。青島さんの担当を譲ってくれた近藤くんは巨泉さんの担当に配置替えとなって時が流れた。

狭い芸能界で放送作家出身三羽烏のうちの二羽の弟子を渡り歩くという乱暴な行動に出たバカはほかにいない。似たような例としては立川談志師匠の弟子からビートたけしさんの弟子になったダンカンぐらいだろうか。

談志師匠はダンカンにたけしさんへの手土産を持たせて、名刺に「こいつをどうぞヨロシク」と書いたそうだが、ワタシの場合は前田武彦さんに「いらない」と言われたので、それを承知で弟子にしてくれた青島幸男さんの懐の深さに感謝◯。

青島幸男さんの担当になったのはいいけど、そのあとが結構キツかった。

「あァそう、お前はそう言うヤツか。前田武彦のところへ返すぞ◯。」を連発しては楽しんでいたからだ。

前田武彦さんにはあと二つ、作詞の傑作がある。

『笑点』※のテーマソングと、日本初の本格的バラエティ番組『シャボン玉ホリデー』※のテーマソングだ。

ちなみに『エイトマン』の作曲は萩原哲晶さんで、のちに植木等さんのヒット曲を沢山書いているし、『笑点』の作曲は中村八大さんで永六輔さんとは名コンビだ。全部つながっている。

ただし、前田武彦さんのことを心から凄いなァと思えるようになったのは後年になってからで、『エイトマン』以降も実に幅の広い仕事をなんでも引き受けてはこともなげに書き上げていたことを単純に凄いと思って見ているだけだった。

書くことより出演する側に軸足を移してからも、なんでも引き受けては面白く処理をしていた。キレと迫力があった。

つまり、天才は近くに居ると見えないのか、気が付かないのか、当たり前になっ

『笑点』のテーマソング
現在はインストゥルメンタルだけど、前田武彦が二代目司会者になった昭和44年11月からしばらくの間は前田武彦による歌詞がついていて、前田武彦と当時の大喜利メンバーで唄っていた。ちなみに初代司会者の立川談志も初期のテーマ曲『笑点音頭』を作詞して自ら唄っていた。

『シャボン玉ホリデー』のテーマソング

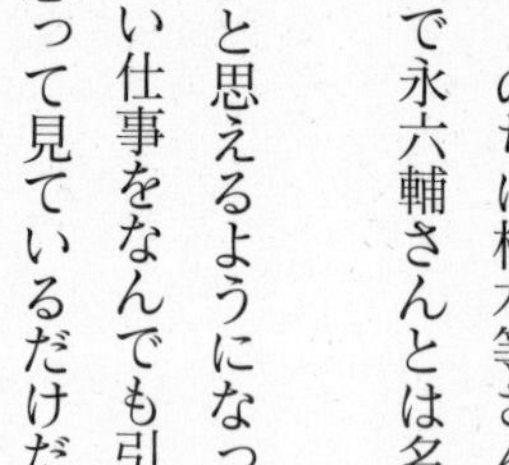

ザ・ピーナッツが唄っていたあの歌だね。２００７年に発売された2枚組のＣＤ『ザ・ヒットパレード＆シャボン玉

てしまうものらしい。今考えると前田武彦さんに限らずワタシの周りにいる皆さんが天才だった。

永六輔さん、青島幸男さん、大橋巨泉さん、愛川欽也さん、藤村俊二さん。以上の六名は身体の中にストップウォッチを持っている人たちだ。

ラジオの番組ではテレビ以上に隙間なく喋らなくてはならないから、ディレクターから突発的な指示が出ることがある。

「スミマセン、あと一分喋ってください」

そうディレクターが言うと、ストップウォッチなど持っていないのに、この六人はキチンと一分喋るのである。もちろんアドリブで。

試しに時計を見ながら喋ってみると面白いかもしれない。ちょうど一分後に終わるように話すのはそりゃあ難しいものだ。しかも、喋っている内容がちゃんと面白くないといけない。では、六人の中で誰が一番話が面白い？　となると、甲乙つけ難いけど、前田武彦さんがナンバーワンだったと思う。

もちろん、皆さん自分が一番だと思っているはずだけど、以前、実際に六人に訊いてみたら「前田武彦さんが喋りの達人だ」という結論に達した。

それなのに、ワタシは早い時期に前田武彦さんの鞄持ちをクビになって以降は同じ業界にいながら、それほど会ったり話をしたりする機会がなかった。

そんなある日、ニッポン放送で見知らぬ若者が挨拶をしてきた。


ホリデー』に収録されている（モノラル録音）

「奥山さんはボクを知らないかもしれませんが、ボクは奥山さんとかなり関係が深いんです」と言う。

よく聞いてみると、前田武彦さんの弟子をしているとのこと。なんと!?である。だって、クビになって何年かした時、前田武彦さんがこう言ったから。

「ボクはね、キミが初めての弟子だったけど、もう弟子なんて取るのはやめたよ。だからサ……」

みなまで言うな〇。の心境だった。

「……だからサ、キミが最初で最後の弟子だヨ。弟子はもう懲りた」

それなのに二番目の弟子がいるのだから、それほど懲りてはいなかったのかも知れない。

前田武彦さんの二番弟子、つまりワタシの弟弟子はその後、松山千春事務所の社長になって、放送局で「ドゥモドゥモ」と挨拶を交わすことになる。

飛ぶ鳥を落とす勢いの前田武彦さんは夏になると、その頃にしては珍しい一週間の夏休みを取っていた。

その頃というのは昭和三九年ごろのことだ。

昭和三九年というと《東京オリンピック開催の年》で片付けられてしまうけど、ワタシにとっては坂本九が唄った『明日があるさ』や植木等主演の映画『日本一のホラ吹き男』が公開された年である。フジテレビの長寿番組『ミュージックフェア』

『小沢昭一的こころ』正式には『小沢昭一の小沢昭一的こころ』。昭和48年1月から2012年12月まで、TBSで録音して全国で放送されていた長寿ラジオ番組。筋書きが津瀬宏で、お囃子は山本直純。初期は小沢昭一本人の話だったけど、途中から宮坂さんというウダツの上がらない架空のサラリーマン父さんの悲哀物語になった。

番組がそのまま書籍になった本『小沢昭一的こころ』は昭和49年6月に芸術生活社より

が始まったのも昭和三九年だし、週刊平凡パンチやガロが創刊したり、藤子不二雄の『オバケのＱ太郎』や石森章太郎の『サイボーグ００９』の連載が始まったのもこの年だ。東京オリンピックなんてなくても素晴らしい年だった。

芸能人で初めて長い夏休みを取って芸能界の流れを変えたのは大橋巨泉さんだと思っている人が多いけど、実は前田武彦さんだったと今思い出した。

前田武彦さんは昭和三〇年代後半、毎年一週間、家族四人で熱海の旅館に出かけては滞在していた。ワタシも子供の遊び相手要員として同行したものだ。

その頃、前田さんと仲のいい放送作家の津瀬宏さんも夏休みを取っては一家で旅行に行っていた。その息子さんもワタシが面倒をみた。

息子さんは清水東といって、今は立派な放送作家になっている。

父親の津瀬宏はＴＢＳラジオで小沢昭一さんが喋っていた※『小沢昭一的こころ』の台本をずっと書いていた。

ワタシにとっては大先輩で、放送作家にしては豪放磊落《ごうほうらいらく》な人で、飲んべェで、右の手首から先がないのにタイプライターで原稿を打っていたし、ハンドルを改良して車の運転もしていた。息子の清水東は『サザエさん』『タッチ』『北斗の拳2』『釣りバカ日誌』のほか舞台の脚本、演出もやっているイケメンだ。父親よりも凄いかも知れない。

ただし、酒に関しては父親の足元にも及ばないだろう。

発売されていて中古で格安入手可。昭和54年6月には続編の『おなじみ小沢昭一的こころ』も刊行されていて、こちらも中古で格安入手可。

酒を飲んで運転して帰宅した津瀬宏さん。駐車場へ車を置き、すぐに立ちションベン。フラフラ、ヨタヨタと立ちションベンをしていたら、たまたまパトロールをしていたお巡りさんが声をかけてきた。

「大丈夫ですか?」

「何が大丈夫かって、バカ者！　今心地よく大地に向って放尿をしておる！」

ヨタヨタしながら立ちションベンを止めない。

「気をつけてくださいよ」

「何を気をつけるのか！　えッ！　今オレはちゃんと運転してきて、ちゃんと駐車場に駐めてるんだ。心配するな！　バカモン」

お巡りさんが車のボンネットを触ると熱いので、奥さんも呼び出され夜中に交番で説教をされたという人物である。大好きな先輩作家だった。

前田武彦さんの弟子をクビになって三五年が経った一九九九年、巷では映画『マトリックス』が話題になっていた頃、前田さんとテレビ局でスレ違った。

「おッ、キミはまだ生きてたか！」

前田武彦さんが運転する車の助手席でいつも眠っていたので、「こんなに良く眠るヤツは見たことがない。火事になったら絶対焼け死ぬゾ！」といつも言われていたからこんな挨拶である。

「ボクも今年は古希だよ。そうだ、お互い生きている間に仕事を頼もうかな……」

と、前田武彦さんの古希パーティの構成を頼まれた。

パーティ会場は六本木のクラブ・ヴェルファーレと決まっていたので、会場の下見ということで前田武彦さんと一緒にヴェルファーレへ行った時、格好いい今風の青年が出迎えてくれた。

「奥山くん、塁だよ、憶えてる？」

「え～ッ⁉」

絶句だった。あの熱海の旅館の広大な芝生を一緒に走り回って遊んだ塁くんが、こんな立派な青年になっていたのである。

「塁は今、エイベックスに勤めていて、結構偉いんだ。全部一人でやったんだよ。就職に関してはボクは一切口を利いてないんだ」

ちょっと自慢が入っているけど、昨今のタレント二世のコネ就職を見ていると自慢してもいいと思った。

塁くんが仕切った父親の古希パーティは一五〇〇人も入るヴェルファーレがあふれるほどのにぎわいだった。そんな大盛況のパーティを少し離れたところから眺めていたら、長年の何かがスーッと抜けていくのが解った。

前田武彦さんの運転する車の助手席でいつも居眠りをして、その車を一度も洗ったことがないデキの悪い弟子に古希の宴の進行台本を書かせてくれたことに感謝した。だって、これがなかったらただの不肖の弟子で終わるところだったもん。

いや、いくら古希パーティの台本を書いたからといって不肖の弟子には変わらないか……。

その後、放送作家協会で《放送作家の大先輩達の記録を残す》という企画が動いたので、オーラル・ヒストリーとして前田武彦さんの取材をさせてもらったことがある。

その時の雑談で、話の流れから「ボクはクビになったんですよ」と言うと、

「え～ッ？　覚えてないなァ」

「洗車しなくて、すみませんでした😊」

「え～ッ、ボクはそんなことで怒ったりした？」

「はい。軽く……」

「そうかなァ。煙草一本ちょうだい」

そうだ、前田武彦さんは昔からのヘビースモーカーで、とても旨そうに煙草を吸う人だった。

娘さんに禁煙宣告を言い渡されているんだ。と言っていたけど、詳しくは聞かなかった。年を取るとどこかここか悪くなるものだから。

この取材をした時が実は大腸ガンの術後だったと、あとで知った。

別れは突然だった。[※]

葬儀に出席すると、少人数なのでオヤッ？　と思ったら、親族のみの式だった。

別れは突然だった　２０１１年8月5日、肺炎のため82歳で逝去。亡くなる3週間前まで仕事（永六輔のラジオへのゲスト出演）をしていた。最後のテレビ出演が大橋巨泉と小沢昭一の3人だったというのも感慨深い。

親族のみの葬儀なのに、何故か永六輔さんと松島トモ子さんとワタシの三人が並んで参列していた。

四十九日を迎える前日、『前田武彦お別れの会』が盛大に開催された。

喪主の塁くんが書いた挨拶状には『エイトマン』ならぬ「ぼくらは蝉捕りマ〜ン」と唄いながら孫と連れ立って朝の散歩をしていた父との思い出が綴られていた。

最高の昼寝だなぁと言いながら、高校野球中継をＢＧＭにしてうたた寝をしたとも綴られていた。

夏が大好きな前田武彦さんらしいエピソードだと思った。

葬儀からしばらくして、前田武彦さん一家を食事に招待したことがある。

何を隠そう、前田さんの奥様も放送作家だ。

全国で一〇〇〇人居ると言われている放送作家の中で、多分一番の美人です。

そうですよネ。前田武彦先生♡。

奥山侊伸還暦パーティに出席した時の前田武彦夫婦 1998.11.18

青島幸男さん　第一幕

青島幸男※さんはワタシの先生だが、決して先生とは呼ばせなかった。

そもそも弟子は取らない主義だったので、弟子にしてほしいと事務所のマネジャーに掛け合っても「青島さんは弟子は取らないってさ」と冷たい返事しか返ってこなかった。

その事務所、エマノンプロには青島幸男さん、大橋巨泉さん、前田武彦さんと、当代の超売れっ子放送作家が三人も所属していた。『11PM』※のテーマソング、例の♪シャバダバダーを作曲した三保敬太郎さんや倍賞千恵子さんも籍を置いていた。

ワタシはジャズ喫茶でボーイをしていたことが縁となり、昭和三六年、前田武彦さんの弟子という身分でエマノンプロから給料を貰うことになる。

西田佐知子の『コーヒー・ルンバ』や渡辺マリの『東京ドドンパ娘』、映画では石原裕次郎主演の『銀座の恋の物語』が大ヒットしていた年で、ワタシは北海道の旭川から上京して三年ほど経った若干二三歳。青島さん、巨泉さん、前武さんの三人は超売れっ子で、飛ぶ鳥を何羽も落していた。

その頃、青島幸男さんはフジテレビの昼間、毎日一〇分間の番組『おとなの漫画』※という日本初のニュースバラエティの台本を書いていた。

ワタシは前田武彦さんの弟子ながら『おとなの漫画』の面白さに魅了されていて、《これは面白い♡　こんなコントを書きたい♡　これなら書けるかも知れない♡　よし、書いてみよう♡》と頼まれてもいないのに台本を書いてはマネジャー経由で

青島幸男
昭和7年7月17日生まれ。結核回復後、20代にして《自分も出演する放送作家》として一躍有名になると、作詞家、俳優、映画監督、作家、国会議員、東京都知事など有言実行の超マルチタレントとして大活躍する。２００６年12月20日、骨髄異形成症候群のため74歳で没する。

『11PM』
日本初の深夜ワイドショーとして昭和40年11月から24年半放送される。大橋巨泉、愛川欽也、藤本義一などの司会で、東京の日本テレビと大阪の読売テレビが持ち回りで製作。うさぎちゃんの『秘湯の旅』や、釣り、麻雀などの『巨泉の考えるシリーズ』、UFO、超能力特集など番組の魅力は多岐にわたっていた。CM前のカバーガールのアイキャッチや久里洋二のミニミニアニメなど、全体的にお洒落で洗練

青島幸男さんに見てもらうようにお願いをしていた。

もちろん、返事なんてない。そりゃそうだ。今考えてみても、売れっ子作家が素人の書いたコントを見てくれることなどほとんどあり得ないことだ。が、それでも当時のワタシには情熱があったので、何本も何本もコントを書いてはマネジャーに渡していた。

どのくらい経った時だろう。

ある日、ふと、青島幸男さんのマネジャーがひとことつぶやいた。

「そういえば、青島さんが面白いコントがあったって言ってたョ」

《やったぁーっ！》

そりゃ、もうびっくり。天に昇るような、地に潜るような気持ちだった。

《青島幸男さんに会いたい。会って、いろいろ教えてもらいたい！》と思った。

その気持ちは日増しに大きくなったけど、普通に考えたらかなわない夢である。だって、事務所が同じといっても、ワタシは前田武彦さんの弟子なのだから。

村田英雄の弟子が三波春夫に習いに行けるか？　とんねるずの弟子がダウンタウンに習いに行けるか？　五木ひろしの弟子が森進一に習いに行けるか？　前田武彦の弟子が青島幸男に習いに行けるか？

ワタシは行けた。

ちょうどその頃、前田武彦さんが事務所を移籍したからである。

されていたなぁ。

『おとなの漫画』昭和34年3月から昭和39年12月まで主に月曜から土曜の昼12時50分から10分間、毎日生放送で通算1835回放送したフジテレビの時事風刺バラエティ。出演はハナ肇とクレージーキャッツで、作家は青島幸男のほかに永六輔、キノトール、三木鮎郎などなど。

永六輔さんの事務所へ移籍したのだが、その時「奥山はいらない」とマネジャーから伝言があった。

本来ならガックリするところだけど、ワタシはガックリするどころか意気揚々と青島さんの門を叩いた。「しつこく通っていればなんとかなるヨ」というマネジャーの言葉に後押しされて、しつこくしつこく青島さんの家へ通っていたら、いつの間にか弟子風になっていた。

驚いたのは取らないはずの弟子が既にいたことだ。河野洋※、滝沢ふじお※、田村隆※といった面々だ。しかし、世間で思うような弟子と先生と言う関係ではなく、実力と実績のある先輩と後輩のような関係だった。

弟子たちは誰も青島幸男さんを先生とは呼ばない。

「先生は止めろ。お前知らないの？ 先生と呼ばれるほどの馬鹿じゃなし……って」

「はい、先生と呼びたいほどのヤツじゃなし……ってのもありますね」

「バカヤロー」

そんな関係だった。

当時の青島幸男さんはやっぱり凄かった。日本中を無責任時代※に染めあげていた。

ある日、ふらりと入った本屋で、棚にズラリと並んだ外国の文庫本を眺めながら

「半分は読んだかもしれないなア…。お前は？」と言ってきた。

「はい、数冊……」

河野洋
『巨泉×前武ゲバゲバ90分』や『おとなの漫画』などを手がけた放送作家。ハナ肇とクレージーキャッツの大ヒットシングル『アッと驚く為五郎』（昭和44年12月発売／作曲は宮川泰）の作詞も担当している。

滝沢ふじお
『シャボン玉ホリデー』や『おとなの漫画』、『紅白歌のベストテン』などを手がけた放送作家。ディレクターとしてもスポーツ番組などを手がけている。

田村隆
『シャボン玉ホリデー』や『11PM』、『ムー一族』、『みごろ!たべごろ!笑いごろ』などを手がけた放送作家。局をまたいでドリフターズとの番組が多い。

無責任時代
植木等、ハナ肇らの出演で昭

「だから馬鹿なんだョ。その程度の頭でよく放送作家になろうと思ったな。盲蛇に怖じずってか？　おれがお前だったら自殺してるョ」と哲学的に叱られた。

その哲学者は若い頃、手に職をつけると将来は少し安心できるという普通の考えで美容師の免許を取っている。

でも、これはちょっと普通ではない。だって五〇年も昔のことだから。床屋は男の仕事だけど、美容師となると女の領域だった。

確か、日本の男の美容師の第一号じゃなかったかな。

青島幸男さんの実家は日本橋で『弁菊』という仕出し弁当屋さんをやっていたから金はある。早稲田大学に入るものの、結核を患って療養生活を送ることになる。『弁菊』は両親の隠居後に住むための一軒家を中野区に持っていたので、青島青年はその一軒家でひとり療養していた。

三度の食事は兄貴の許嫁《いいなづけ》が面倒を見てくれたのだが、この許嫁が山形美人○。若い男と女。結核は昔は贅沢病と言われ、栄養のある旨いものを食べてジッとしているだけ。まだ結核専用の薬なんてない頃である。パスという結核に効く薬がやっと出た頃だったかな。

結果、青島青年は結核のほかにもうひとつの病《やまい》を患ってしまった。

薬も、温泉も、パスも効かない、恋患いである。こともあろうに兄貴の許嫁に惚れてしまったのだ。

和37年に公開された大ヒット映画『ニッポン無責任時代』の主題歌『無責任一代男』と『ハイそれまでョ』、挿入歌の『やせがまん節』、『ドント節』、『スーダラ節』、『五万節』はすべて青島幸男が作詞している。

相当悩んだのだろう。

恋について考えた。自分について探究した。世の中について考察した。

その結果、髪の毛を鋏でギザギザに切って、中野の家にあった女物の赤くて派手な襦袢を着て電車に乗ったのである。そして、山手線をぐるりと廻りながら、わざと吃音のマネをして大声で演説を始めた。

「ワ、ワタクシ、ドドドモリを直すべく、大勢の皆様の前で、ここうして、ここうして喋って、い、ま、す……」

電車の中はちょっとしたパニックになった。髪の毛グジャグジャの青年が赤い長襦袢を着て突然演説を始めたのだから。

でも、喋っているだけだから、逃げ出す人もいなかった。演説は続く。

「ヒ、ヒ、ヒトが人を、ス、ス、スキ、好きになることは、へへへへ……へイワで、す、です。男が、オ……ンナを好きになることはア……アタリ前であり、あり、あります。ワタシ……ワ……ワタシは恋してます。恋愛とは男がただ一人の女に満足するために払う努力であります。わたしは今努力中なのです💭」

にわか吃音だから、いつのまにかスムーズに喋っていた。

「恋をしてる人の耳はどんな低い音でも聞き分けるのです。今、彼女は涙を一粒落としました。わたしには聞こえます……💭　どれほど愛しているのか……どれほど愛しているのかを語りえる者はたいした情熱を持っていない者であります。だ、だ、だから、わたしは語りえないのであります」

電車の中は大拍手になった。と、本人が語っておりました。

この正常な青年が青春のある日とった異常な行動は、それ以降の青島幸男さんの原点になっているような気がする。

「青島さん髪の毛が……寝グセがヒドイです」

「いいよ♀ 寝りゃクセも出る」

「ちょっとみっともないです」

「誰に？」

「世間に」

「世間ねェ。世間の口は止められないからな」

「……はい」

「世間ってのは何がどうあっても止まらないんだ。お前が死んでも、総理が死んでも、三〇秒間世間を黙らせることはできない」

「……はァ？」

「総理が死んじゃったなァ。ところで野球どっち勝った？ なッ、世間の話は止まることなく続いているだろう？」

この吃音事件のあと、兄貴の許嫁はめでたく弟である青島幸男さんの恋女房になったのでした。

女房大好きの青島さんは泊まりの仕事は極力取らないようにしていた。女房が恋しくて離れているのが淋しいからだ。普段でもスタジオの収録が長くなると、「ママどうしてるかな?」「今夜はママと美味いもの食わなきゃあ」「ママ一人で大丈夫かなァ」と、ママの話ばかりだったので、ついたアダ名が『青島幸男とママ恋さんず』だった。

そんな青島幸男さんがよく口にしていた言葉が『人生三倍論』だ。

同じ一生を送るのなら、あれこれ適当に手を出すんじゃなくて、あれをやっても一流、これをやっても一流、という具合にどの世界でも一流になれと言う。

凡人たちにはそんなこと無理だったけど、青島さんはちゃんと実行していた。放送作家としても一流、タレントとしても一流だったし、役者としても『意地悪ばあさん』で主役、※映画監督としてはカンヌ国際映画祭批評家週間批評家賞を受賞。タレント議員の第一号になり二四年も参議員議員をやったのちに東京都知事にまでなっているし、小説家としては※『人間万事塞翁が丙午』を書いて直木賞を受賞。ついでのように描いた絵画では二科展に入選している。

人生三倍論どころか、四倍も五倍も生きていたのだから我が師匠ながら本当に凄い。その分、弟子は何をやっても駄目で青島幸男さんが全部持っていってしまった。

人生三倍論はモンテーニュという哲学者の言葉だと言っていたけど、後年になってモンテーニュを調べてみたらそんなことは言っていないみたい。でも、本人が何

映画監督としてはカンヌ国際映画祭批評家賞を受賞
昭和41年に青島幸男が企画から製作、脚本、監督、主演、作詞作曲まで一人でこなした自主製作映画の『鐘』がカンヌ国際映画祭批評家週間に入選している。

『人間万事塞翁が丙午』
青島幸男が母親をモデルに書いた小説で単行本は昭和56年4月に、文庫は昭和59年8月にそれぞれ新潮社から発売されている。第85回直木賞を受賞。昭和57年には久世光彦の演出・プロデュース、桃井かおり、殿山泰司、加藤治子らの出演でテレビドラマ化もされている。

倍も生きたのだから納得するとしよう。

そうそう、青島さんは作詞家としても日本列島を無責任ブームで席巻していた。

作詞家と言えば青島幸男さんの弟子になかにし礼※がいる。この男も日本列島をそこそこにぎわせたことがある。元々はシャンソンの訳詞を手がけていたのだが、本人曰く「二〇〇〇曲を手がけたので訳詞はもうやり切った」と、放送作家に転身すべく青島さんの元へ来た。

青島さんが植木等※さんの一連の無責任ソングを作っている時、弟子たちが集まると決まって宿題が出された。たとえば『新五万節』を作詞している時は「いろんな五万を考えてこい。」という宿題が出たので、書いた始末書五万枚、口説いたホステス五万人、飲んだビールが五万本等々、弟子たちは天才青島に負けないようにアイディアを出し合った。そんな共同作業的な雰囲気が勉強になったので、弟子は取らない主義ではあるけど「しつこく顔を出してると弟子風になれるよ」と兄弟子風に当たるワタシが、なかにし礼にアドバイスをした次第。

同じ頃、たかたかしという弟子風もいた。

同人誌に小説を書いていて、青島さんに読んで欲しいと持ってきた。

「字が書けるんだからたいしたもんだよ。お前が読んでおけ」

ワタシがたかたかしの小説らしきものを読んだ。

「どうだった？」

なかにし礼
昭和13年9月2日生まれ。作詞家として北島三郎の『まつり』、北原ミレイの『石狩挽歌』、黒沢年男の『時には娼婦のように』、奥村チヨの『恋の奴隷』、ザ・ピーナッツの『恋のフーガ』、アン・ルイスの『グッド・バイ・マイ・ラブ』、細川たかしの『北酒場』、弘田三枝子の『人形の家』、菅原洋一の『今日でお別れ』などなど数々のヒット曲を生み出している。

植木等
昭和1年12月25日生まれ。フランキー堺のバンドを経て、クレージーキャッツの一員として32歳の時に開局したばかりだったフジテレビの『おとなの漫画』に出演。以後、コメディアン、のちに性格俳優として活躍。２００７年3月27日、肺気腫による呼吸不全のため80歳で没する。

「えぇ、まァ早い話、可もなし不可もなしです」

「勝手にずっと書いてろって言っとけ！」

先にたかたかし、一〇日遅れてなかにし礼が青島さんの元に居付いた。

ところが、なかにし礼は弟子入りする前に作詞した菅原洋一の※『知りたくないの』が発売してから数年後に大ヒットしたので、再び作詞の道へ戻ってしまった。

「死んだ馬が屁をたれましたねぇ」

「人生そんなこともある」

「二〇〇〇曲の訳詞ってのは話半分にしても凄いですよね。青島さん、彼は中々優秀ですョ」

「あァ、そりゃ良かった。だったらおれのところへ来なくても一人でできるだろう。勝手にやれ！」

理にかなっている……。

たかたかしも西城秀樹に提供した作詞が東京音楽祭で賞を取ったのをきっかけに放送作家をやめて作詞家になった。その後、※数多くのヒットを飛ばして今では大御所作詞家だ。

青島幸男さんが作詞した一連の無責任シリーズは、分析すると、人間誰もが心の中に持っているささやかな黒い部分を明るく勢いよく唄い飛ばしたことがヒットにつながったと思う。自虐的ではあるけど、自虐の上を行っているのだろう。アッケ

『知りたくないの』が発売して数年後に大ヒット
エディ・アーノルドの『たそがれのワルツ』というヒット曲に、昭和39年、なかにし礼が『知りたくないの』という曲名で日本語歌詞を付けたのを昭和40年に菅原洋一が唄ったバージョンが2年後の昭和42年になってからヒット。なかにし礼にとって初のヒット曲となる。

数多くのヒット
たかたかしは西城秀樹の『情熱の嵐』、『薔薇の鎖』、『愛の十字架』や松崎しげるの『愛のメモリー』、都はるみの『浪花恋しぐれ』をはじめ、美空ひばり、森進一、川中美幸、五木ひろし、細川たかし、山本譲二、坂本冬美などなど多くの演歌歌手に歌詞を提供している。

ラカンとノー天気、誇張と大ボラ、でもしっかりとした哲学が支えている。

唄っている植木等さんはこれらの歌を唄うために存在したような人だった。

本人は至って真面目で、決して陽気な人ではないのに、スクリーンでは無責任が服を着て歩いているように見えたものだ。

実は植木等さんはコミックソングを唄うのが嫌で実家の父親に相談している。実家は三重県の常念寺というお寺で父親はそこの住職だ。その父親が『スーダラ節』の詞を見て、「素晴らしい歌詞だ」と言ったので歌うことにしたそうである。

植木等さんは画面の中ではノー天気にふるまい、文字通り、無責任が背広を着てハシャイでいるように演じているけど、画面の外では超真面目で無口、礼儀正しい人だった。画面の中と外では同じ人物とは思えない落差があった。みんなが知っている植木等さんは自分で作り上げたキャラクターなのである。人間一度腹を決めてやるとなったら、真反対の人間を演じられるのだと驚かされたものだ。

さきほど青島さんの詞が哲学的と書いたが、解りやすい例に『ホンダラ行進曲』※という歌がある。

目の前の山を一ツ越えて、ヨーシやったと前を見るとまた山があって人がゾロゾロ登っている。なに!?と勢いで登り切る。どうだ、と思ったらまた山があって人がゾロゾロ。

なんと、その先にも延々山が連なっていて、人もゾロゾロ続いている。


『ホンダラ行進曲』

昭和38年4月に発売されたハナ肇とクレージーキャッツの5枚目のシングル。1番を植木等、2番をハナ肇、3番を谷啓、4番を全員で唄う構成。

一ツ目はホンダラホイホイと登れたけど、越えても越えても続く山と続く人。どうするおれ？　これが人生というものか？　なァに💭。越えても越えても続く山なら無理に越さなくてもいいんじゃないか？　だったら越さずにホンダラホイホイだ💭。

多くの人が自分の人生と重ね合わせたのだろう。これを挫折とは言わず、世間は無責任ということにしてくれた。

そんな青島の詞は初期は普通にリリックがあるさわやかなものだった。

坂本九の『九ちゃん音頭』※『明日があるさ』※。ちょっとコミックで『悲しき六十才』※。ところが、後半はコミック調の無責任ソングになった。「解っちゃいるけど止められない」とか「口説いたホステス五万人」「ハイ、それまでョ」「ってなこと言われてその気になって」などなど歌詞がそのまま流行語になった。そして、無責任映画も無責任ソングもようやく落ち着いてきた頃に作ったのが「黙って俺について来い」である。

「金のない奴ァ俺んとこへ来い💭」と言ったあとで、「見ろよ、青い空白い雲……」と精神を大きく空に向ける。

「なッ、これってリリックだろう💭」

青島幸男の作詞活動は「俺もないけど心配するな」で一段落した。

「もう作詞はこれでやめた。終了💭」

見事な幕引きだった。

『九ちゃん音頭』
昭和36年9月に臨時発売された坂本九のシングルレコードで正式タイトルは『九ちゃん音頭～それが浮世と云うものさ』。

『明日があるさ』
日本テレビで放映された坂本九主演の『明日があるさ』のテーマソングとして昭和39年1月（資料によっては昭和38年12月）に発売されたシングルレコードで、2001年には『ジョージア』のCMソングとしてダウンタウンやココリコらがカバー。同年、ウルフルズのカバーもヒットする。

『悲しき六十才』
坂本九が東芝に移籍後の第一弾シングル。昭和35年8月に発売されて10万枚の大ヒットとなる。世界的に大ヒットした『上を向いて歩こう』はこの翌年に発売される。

青島幸男さん　第二幕

それから何年かが過ぎた頃、作詞家を引退した青島幸男さんのもとに作詞の依頼が来た。

「奥山。男と女の関係で一番辛い状態ってどんなシチュエーションだ？」

「はい。一所懸命口説いてるのにものにならない……」

「バカ、もっと詞的に言ってみろ〇。」

「思い通りにならぬ、恋の路……」

「そんなフレーズは高校生でも書ける〇。」

「夜毎夢みる、あの娘の笑顔……」

「だから中学生でも書けるって〇。女に惚れてよ、これがまたいい女だ。おれが惚れていることを知っているんだよ。それなのに、あァそれなのに……だ」

「それでいいんですか？」

「バカ〇。大好きなのに、振り向いてもくれない。おれが死ぬほど好きなのに、その気持ちを知っているのに、振り向いてくれないんだョ〇。これは辛いだろう。この辛い気持ちをサ……、バカ、あとは自分で考えろ。空いたフレーズを埋めていくパズルのようなもんだろ〇。」

そうか、テーマが決まったら、あとは言葉を埋めていけばいいのか。

この作詞の宿題は青島が珍しく映画の仕事を受けて、太秦撮影所で大川橋蔵主演の映画にゲストとして出演、京都に一週間ほど滞在していた時に依頼されたものだ。

朝丘雪路
昭和10年7月23日生まれ。宝塚歌劇団月組を経て女優として活躍。日舞の家元でもある。あまりのお嬢様育ちで家事一切ができず、津川雅彦と結婚するまでは金銭感覚も全くなかったのが有名。

『ふり向いてもくれない』
昭和40年にクラウンレコードから発売された朝丘雪路のシングルレコード。作詞は青島幸男でクレジットされている。1992年に復刻されたCDの方が比較的簡単に入手可。

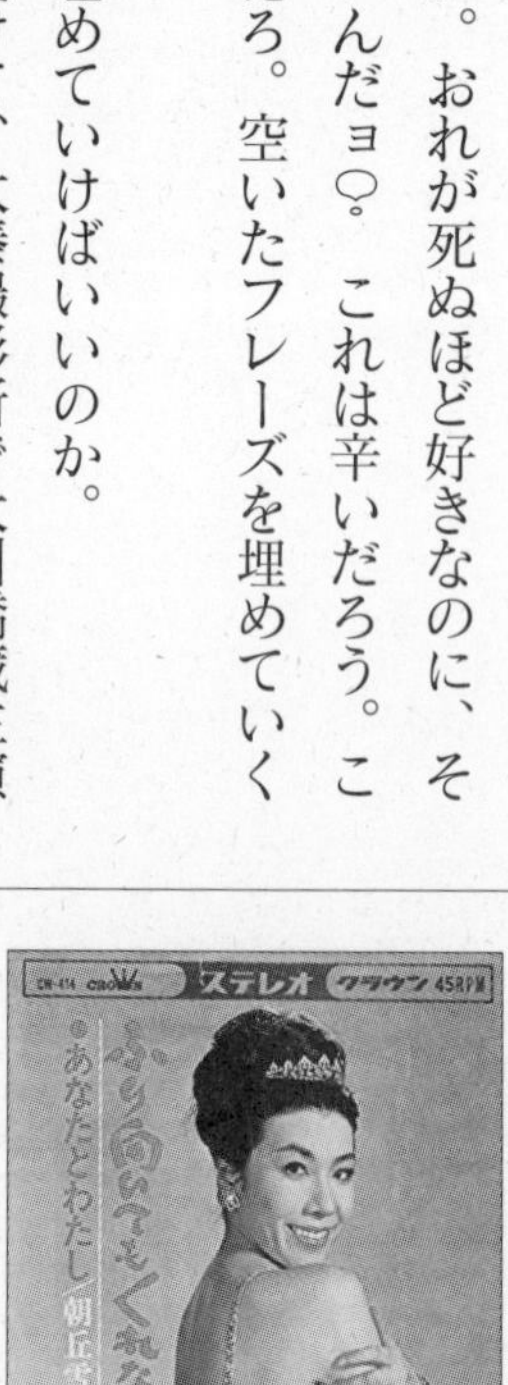

ちなみに『ふり向いてもくれない』はスマッシュヒットに

「最初は断わったけどナベシンから直に頼まれたからなァ。ちょうど、京都に居て暇だしサ」

ナベシンとはナベプロの渡辺晋社長のことだ。

「今度、ナベプロから大型新人が出るんだ。歌は上手いし、とっても艶っぽいんだってョ。ただ、そんなに若くないらしい……」

歌手名は知らされず、それだけの情報で作詞することになったのだ。

「お前が作ってみろ♀。ムダ飯ばかり食ってないでサ」と言われて完成したのが朝※丘雪路のジャズ歌手から演歌歌手転向の第一作『ふり向いてもくれない』※である。

「なッ、作詞ったって、本気になりゃ誰でもできるだろう。テーマとシチュエーションが決まれば、あとはパズルみたいなもんだ」

そうは思わなかったけど、弟子のワタシも勉強しながら必死で詞を書いていた。

腹に一物、手に荷物。ゴルフはシングル、ベットはダブル……。駄目だ。コミックソングでは青島幸男さんの足元にも及ばなかった。

青島幸男さんを超えるコミックソングはもう現れないに違いない。と思っていたら、とんでもないコミックソングに出合った。

さだまさしの『雨やどり』。

びっくりした。こんな手があったのか♀。『関白宣言』も然り、良質な創作落語である。その後もさだまさしの歌を聴いて完全に腰がくだけてしまった。


なったので、すぐにバラエティ番組でネタとして使った。

〈若いカップルがイチャイチャしていたのに喧嘩になってしまう〉

「どうしたの?」

「彼ったら、栗むいてもくれないの♀。」

ふと考えると青島幸男一門の作詞量はかなりの量になると思われる。

青島幸男さん、なかにし礼、たかたかし、秋元康、森浩美。正確には秋元康と森浩美はワタシの弟子なので、青島幸男さんの孫弟子になるのだが、秋元康は二〇一三年二月の時点で五〇〇〇曲を作詞して阿久悠を抜いたと新聞に載っていた。それ以降の年数を考えたら、もう六〇〇〇曲近く作詞しているのかも知れない。森浩美はSMAPの曲を沢山作っていて、解散記念に発売されたCD・BOXに収められた五〇曲のうち一〇曲ぐらいを書いている。そう考えると、青島幸男一門の作詞訳詞の数は多分一〇〇〇〇曲はあるだろうか。傑作も多々あると思うが、ワタシが一番好きな曲は青島さん自身が唄っている。

『女なんて』※　作詞／青島幸男　作曲／萩原哲晶　唄／青島幸男

(一)ズンチャカズンチャラカズンチャラカチャ
ズンチャカズンチャラカズンチャラカホイ
女なんて、女なんて、どれでもおんなじさ
あの娘に限った訳じゃない
嘘がうまくて泣き虫で
意地が悪くてわがままさ
あの娘の事は忘れよう

『女なんて』
オリジナルのシングルレコードは『青島だアー』のカップリングとして昭和38年12月にクラウンレコードから発売される。レコード会社による復刻版CDはamazonなどで1028円で入手可。

さっぱり忘れてェ～また探そう　あーあ

(二)女なんて、女なんて、どれでもおんなじさ
あの娘ばかりがそうじゃない
甘ったれ屋で薄情で
調子が良くてミエっぱり
あんな女は忘れよう
さっぱり忘れてェ～また探そう　あーあ

(三)ズンチャカズチャラカズチャラカチャ
ズンチャカズチャラカズチャラカホイ
女なんて、女なんて、どれでもおんなじさ
あの娘一人が女じゃない
やきもち焼きでうぬぼれ屋
気が短くてでたらめさ
あいつの事は忘れよう
さっぱり忘れてェ～また探そう　あーあ

この一曲に男の弱さとヤセ我慢が凝縮されている。

そして、女の性格すべてが入っていて、調子のいいテンポと音域の狭さ、いつリバイバルしてもおかしくない普遍性を持っている実に味わいのある歌だと思う。

現在も通用する普遍性があるといえば、忘れてはいけないのは日本のバラエティ番組界で燦然と輝き続ける『シャボン玉ホリデー』※だ。

青島幸男さんは初期は作家として活躍し、いつの間にか出演する側になっていた。

そして、青島幸男※さんが国会議員になって最初に出た番組でもある。

なんと、その回の担当作家がワタシ、奥山だった。

国会議員になっての記念すべき一回目ということで、悩みに悩んだ苦しいコント作りになった。「ここはひとつ議員がらみで書いてみて」と秋元ディレクターに言われたので、その通りに書いてみたが、議員先生になった青島幸男さんが台本通りに演ってくれるかどうかが心配だった。「番組には出るけど、そんなコントはやらないヨ」と言われてもおかしくない内容だった。

「え〜ッ、これやるの？　ひょっとしてお前が書いたの？」

「ハイ……。」

お褒めの言葉だと思っている。

自分でも大好きなコントのひとつだ。

『シャボン玉ホリデー』
昭和36年6月から昭和47年10月まで毎週日曜日の夕方6時半から放映された日本テレビと渡辺プロダクションの制作による音楽バラエティ。数年後に深夜でも放送されるけど2クールで打ち切りとなる。

青島幸男さんが国会議員になって
昭和43年の衆議院選挙の全国区に出馬して2位で当選する（1位は石原慎太郎）。二院クラブとして参議院に出馬した時の選挙葉書がこれ。

汽車の中である。

植木等が演じる車掌が扉を開けて車内に一礼する。

車掌「毎度ご乗車頂きまして有難う御座います。おくつろぎのところ、誠に申し訳ございません。只今から乗車券を拝見させて頂きます」

と、順次乗車券を見ながら車内を進む車掌。

青島幸男のところへ来て、

車掌「恐れ入りますが乗車券を拝見させて頂きます」

青島、車掌をチラッと見て、背広の襟を引張ってみせる。

議員バッジが付いている。

植木の車掌、一瞬バッジを見るが、再び、

車掌「すみません、乗車券を……」

青島、今度は襟についているバッジにハーッと息を吹きかけて袖口でバッジを拭いて車掌に「これを見ろ〇。」というポーズ。

植木の車掌、目を近づけてバッジをジーッと見て、

車掌「このヤロ〇。グリコのオマケをつけやがって、いい加減にしろ〇。」

と青島をハリ倒す。

青島「ハレホロヒレハラ〜〜」

ジャンジャン〇。

議員は汽車、飛行機などに無料で乗れるという議員特権が当時ワイドショーなどで取り上げられていたことと、グリコのオマケが流行っていたことが背景にある。

それより何より、現役の国会議員が絶対にそんな品のないことをやる訳がないというコンセンサスがあったから成立したコントだ。

コントの根底には風刺がないと駄目だ。自分で言うのもなんだけど、我ながら大好きな作品として改めて書いてみた。国会議員になったばかりの青島幸男さんの度量の大きさにも半世紀を経た今、お礼を言いたい。

時は昭和四三年。巷ではザ・フォーク・クルセダーズの『帰って来たヨッパライ』やピンキーとキラーズの『恋の季節』、ヒデとロザンナの『愛の奇跡』がヒットしたり、スポ根アニメの火付け役となった『巨人の星』の放送が始まっていた。

ワタシ、奥山は当時二九歳。恐いもの知らずで突っ走っていた。


と、我が師、青島幸男さんについてはここで筆を置きたかったのだが、編集者が「まだ原稿が足りません。誰も知らないとっておきのエピソードをもうひとつ」とせがむので、頭をひねっていたら思い出したのが大橋巨泉さんとのエピソードだ。

青島幸男さんと大橋巨泉さんは同じ時代に生きながら一緒に番組に出演したことは一度もなかった。が、妙な因縁はある。

ニッポン放送で、タイトルは忘れたけど、青島幸男さんと浅野寿々子さんのコンビで番組をやったことがある。

リスナーからリクエスト葉書をもらって洋楽をかける番組なんだけど、普通に曲を紹介してレコードをかけるのではなかった。リクエストが何かしら駄洒落になっていなくてはいけないというルールがあった。なので、いい曲よりも駄洒落が上手いリクエストが採用されるという番組だった。

今思うと、その頃の会話は駄洒落のオンパレードだったような気がする。

「アレッ？　床屋へ行って来たの？」

「うん、今行って来たトコヤ」

「お前さ、電話かけても中々デンワ〷」

「仏教では喧嘩はよくやるの？」

「うん、ブッタ」

「キリスト教の牧師さんが殴り合ってるよ、ボクシ……ング〷」

みたいな……。だからリクエスト曲も自然とそうなる。

たとえば、ビージーズのデビュー曲『ニューヨーク炭鉱の悲劇』だったら、「風呂に入ったら、つるっと転んでタンコブができちゃいました。入浴タンコブの悲劇」みたいなリクエストが送られてきた。

番組はいい感じで盛り上がっていたのに、急遽、終わることになる。

その原因は青島幸男さんが選挙に出馬することになったからだ。

これは実に面倒なことで、立候補をすると決めたら番組を続ける訳にはいかない。が、好評な番組を理由もなく終わらせるのも不自然だ。ニッポン放送の首脳部は考えた。ギリギリまで放送して、立候補の公示後に相手を変えて番組を続けようと。

その相手の最有力候補に挙げられたのが大橋巨泉さんだ。

これは困ったことになった。青島幸男さんがやっていた番組の引き継ぎを大橋巨泉さんが受ける訳がない。

ならば、新番組の体を装ってお願いしよう○。

浅野寿々子さんの意見も意志も聞かず、そんな流れになっていた。

結果、巨泉さんは全くの新番組としてこの仕事を引き受けてくれた。が、そんなことはすぐバレるに決まっている。実際、すぐにバレた。

その時、間に入って交渉してくれたのが、のちにニッポン放送の社長になる亀渕昭信だ。当時は一介のディレクターだったので、ことの流れを説明して平身低頭。亀渕は人望も厚かったし、仕事も切れたので、なんとか青島さんから巨泉さんへと番組進行はバトンタッチして、アシスタントの浅野寿々子さんはそのまま続いた。

今では考えられないことだけど番組は続いたのだ。担当している作家（奥山）も従来通り番組に携わり続けた。

大橋巨泉さんに交替してまもなくのこと。

「バカ、お前、知ってたんだろう？　なんかおかしいなとは思ったのヨ○。」

むむっ。巨泉さんが意外にも優しいぞ。どうしたのだろう?

今思うと、その時すでに美人で素直な浅野寿々子さんに好意を寄せていたのだと思う。一目惚れだったのかもしれない。奇跡の番組だと思う。タイトルさえ忘れているクセに……。

その後、めでたく青島幸男さんは国会議員になり、巨泉さんの番組は続いた。

ある日、どういう経緯だったのかは忘れたけど、巨泉さんのマンションに青島幸男さんとその弟子たちが集った。

河野洋、田村隆、奥山侊伸、巨泉事務所の社長の近藤利廣※。

こんな顔ぶれは初めてだった。何かのパーティの流れだったのかも知れない。

やがて二人の巨頭は政治の話になった。飲むほどに、飲むほどに、段々と声が大きくなる。弟子たちは二人の話を聞くでもなく、お互いに勝手なことを話していたが、突然「△☆?×□⁉」と怒鳴り声が……。

「うるせィ」だか、

「黙れ⁉」だったか、

「お前に解るか⁉」かも、

「辞めっちまえ⁉」みたいな、兎に角怒鳴り声が響いて、その怒鳴り声と同時に八人用くらいの大きさがあるガラス張りのテーブルがひっくり返った。

八人用のテーブルがひっくり返るとまるで映画のようにいろんな物が散乱する。

近藤利廣
大橋巨泉事務所の社長。ズングリムックリとした体型をした典型的な下町っ子。大橋巨泉を売り出した実力の持ち主でもある。大橋巨泉事務所には黒澤久雄、せんだみつお、山田隆夫、小倉智昭、児島美ゆき、乱一世、青島美幸、田中星児、北山修司といったタレントや歌手のほかに原すむ、沢口義明、秋元康、遠藤察男、奥山侊伸など多くの放送作家が所属していた。

青島幸男さんがテーブルをひっくり返したのだ。

あんな重いテーブルを⁉

完全に横向きになったテーブルをはさんで両巨頭がニラミ合った。

青島さんは泥酔しているらしく足元がフラフラで倒れそうだった。

喧嘩慣れした奥山が青島さんを、喧嘩が強い近藤が巨泉さんを抱きかかえるようにして抑えた。

「なんだ⁉」

「落ちついてください」

と言ったと思う。兎に角、そのまま解散となった。飲まないワタシは車で行っていたので青島さんを自宅の鷺宮まで送ることにした。

車の中で青島さんが「痛い⁉」と言うので、見るとあちこちに血がついている。右の手首からも血が流れていた。慌てて車を止めると、車内にあったタオルで傷口を縛った。割れたグラスで切ったらしいけど、幸い傷はそれほど深くはなかった。

家の玄関を開けると、青島さんは子供のような声で「ママ〜♥」と叫びながら消えていった。

後年、青島幸男さんの葬儀の折、大橋巨泉さんが追悼文を新聞に寄せた。

そこには「青島の顔に右ストレートを叩き込んだ」と書いてあったけど、青島幸男さんの名誉のために弟子としてこれだけは言いたい。

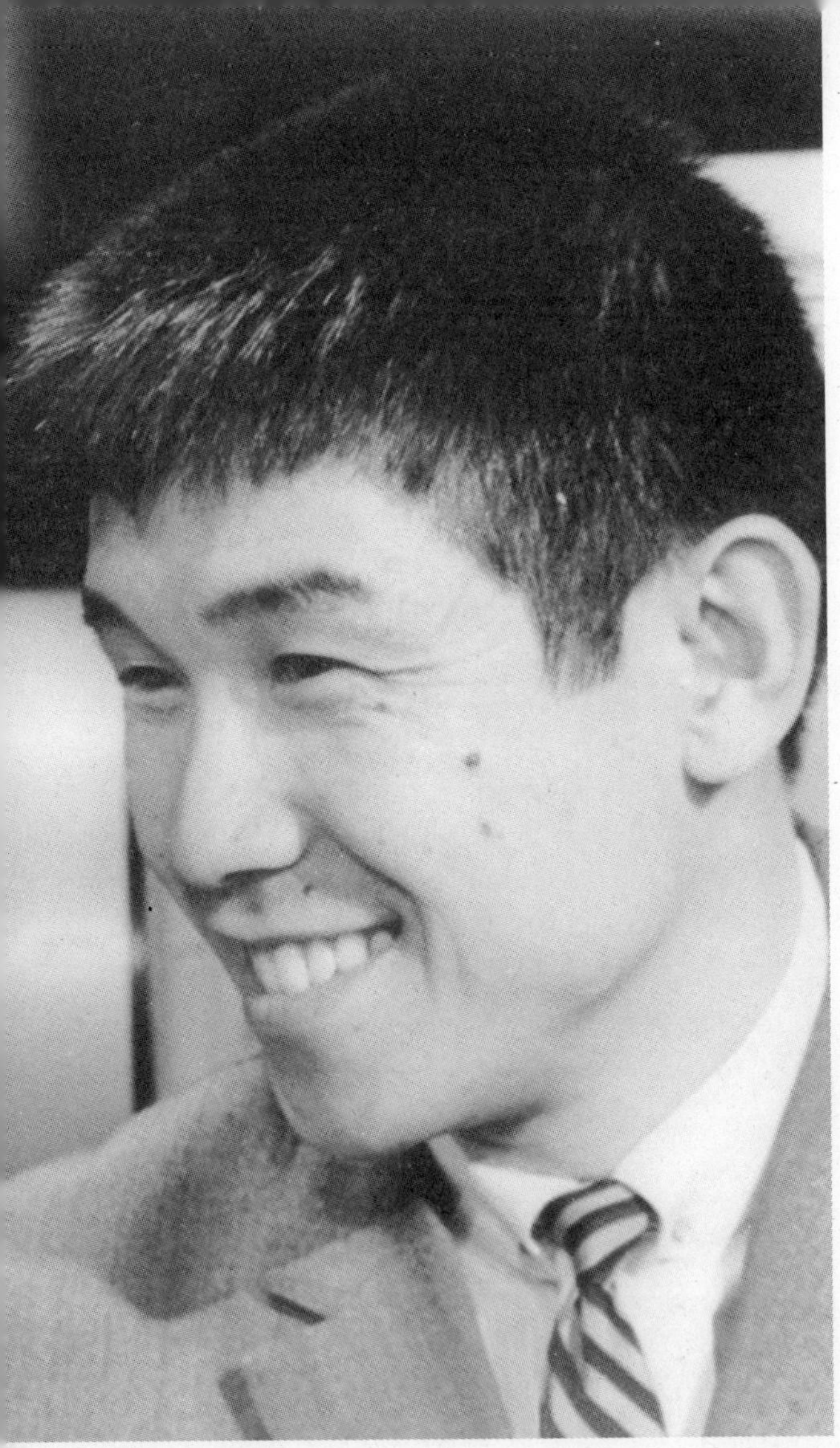

二人は殴り合ってはいなかったのだ。ひっくり返ったテーブルを挟んでいたので、お互いにパンチは届かなかったのである。
その後、両巨頭はわだかまりも遺恨もなく芸能界で生きた。
そして、番組アシスタントの浅野寿々子さんは大橋寿々子さんになった。
喧嘩をして、恋をして、みんな若かった。

奥山侊伸還暦パーティの一場面 1998.11.18

大橋巨泉さん 第一幕

この本の企画を検討している時、大橋巨泉※さんは確かに生きていた。

かなり痩せて、身体も小さくなり、喋り方も少し弱々しかったけど、話す内容も口調も往年の毒舌を交えた響きだった。

ある日、松島トモ子さんから電話があって、食事に行く打ち合わせをしていたら、

「体重が五〇キロを切ってしまったのヨ……」と言うので、

「えッ？　松島さんってそんなに重かったっけ？」と驚くと、

「違うわヨ。わたしじゃなくて巨泉さんヨ。」

そうか。巨泉さんのことか。その名前を聞いただけで横柄な言葉遣いが浮かんできた。

一緒に仕事をしていた頃は八〇キロはあったんじゃなかろうか。亡くなる二年ほど前に大橋巨泉事務所の元社長である近藤利廣が孤独死をして、巨泉さんがたまたま日本に帰って来ていたので、流れで巨泉さんが仕切って偲ぶ会を開催した。

大橋巨泉さんは昭和九年に東京で生まれているので戦争の時は物心がついていた。終戦の時は尋常小学校の四年生か五年生だろう。日本中に食べる物がなかったから、ひもじさも経験している。

早稲田に入り、新聞部に所属して、俳句もたしなんでいた。巨泉という芸名は実は俳号なのである。

生業《なりわい》はジャズ評論家だった。

大橋巨泉
昭和9年3月22日生まれ。青島幸男同様、放送作家からタレント（大橋巨泉の場合は番組司会者）に転身している。『11PM』を皮切りに『クイズダービー』、『ゲバゲバ90分』など多くの番組の司会をする傍ら、カナダでOKギフトショップを経営したり、民主党の国会議員としてアメリカ同時多発テロ事件を非難する国会決議にただ一人反対するなどマルチに活躍。２０１６年７月12日、急性呼吸不全のため入院中の病院で逝去。82歳だった。

ワタシ個人的に言うと評論家はどんな評論家であっても好きじゃない。自分で何かをやる訳じゃなく、人様の作品に対してあァでもないこうでもないとグダグダ言う職業だからだ。中には「なるほどネ」となってしまう鋭い意見を言う評論家もいるけど、兎に角嫌いだ。

大橋巨泉さんはジャズ評論家だったので、人様の作品や演奏について色々と述べたり書いたりするわけだが、これが結構影響力があるので困るのだ。

ジャズを聴いて、自分の感性、感覚、音楽レベルで、自分なりに評価ができる人はいいけど、評論を読んで納得してしまう人の場合は評論家の言いなりになってしまうことがある。

その評論家が有名だったり、ラジオや雑誌など発表する場を沢山持っていると大変だ。大橋巨泉さんは有名だったから影響力も大きいのである。しかも、態度が人柄も込みで尊大というか威圧的というのか……兎に角デカイ💭。

ある日、昭和五〇年ごろの電話。

「オゥ、巨泉だけど、オレ、今、平岡の精坊の楽屋にいるんだけどサ」

このフレーズで多くの人は吹き飛ばされる。というのは、平岡の精坊というのはヴィブラフォン奏者の平岡精二さんのことだからだ。

平岡精二さんはペギー葉山※さんが唄って大ヒットした『爪』の作曲者であり、ヴイブラフォンの腕前は日本一だった。

ペギー葉山さんが唄って大ヒットした『爪』『学生時代』『ドレミの歌』など多くのヒット曲を持ち、『南国土佐を後にして』が２００万枚の大ヒットとなったペギー葉山の代表曲の一曲。没した今もペギー葉山の評価は高く、毎年のようにベスト盤が発売されている。ちなみに『ドレミの歌』は訳詞も本人。

つまり、平岡精二と言えばまわりの人たちは「ハハア〜ッ」と頭を下げるぐらいの人物なのである。その人を「平岡の精坊」と言えるのは大橋巨泉ただ一人だ。

「それでョ、そろそろここがワリオーだからお前、マーヒーならメーランでも行かない？」

念のために解説しよう。ワリオーは終わり、マーヒーは暇、メーランはラーメン。つまり、「そろそろバンド演奏が終わりだから、お前、暇だったらラーメンでも食べないか？」

これが当時、当り前のようにバンドマンが使っていた逆言葉《サカサ》だ。

大橋巨泉さんはジャズ評論家だけど、ジャズの演奏会やジャズコンサートの司会もこなしていた。ついでにコンサートのプロデュースもやっていた。さらには演出構成もしていた。

民音※とか労音といった団体の演奏会やコンサートが目白押しの時代に、大橋巨泉さんはプロデュース、構成演出、司会の三拍子をこなしていた。そして、評論家までしていた。

この評論家はほかの評論家とはちょっと違うなァと思う出来事があった。

巨泉さんが世田谷に一軒家を建てて引越した時のことだ。新居で引越し祝いのパーティーを開催するというので、ワタシと藤村俊二さんも呼ばれて参加した。

「巨泉さん、ライオネル・ハンプトン※の『スターダスト』あります？」

民音とか労音
民音は昭和38年に創立した民主音楽協会、労音は同じ頃、全国に200近い地域組織を有した勤労者音楽協議会のそれぞれ略称。ジャンルを問わず各種コンサートの主催が主な目的で、昭和40年代に全盛期を迎えるけど、プロのイベンターの出現により昭和50年代以降、急速に衰退した。

ライオネル・ハンプトンの『スターダスト』

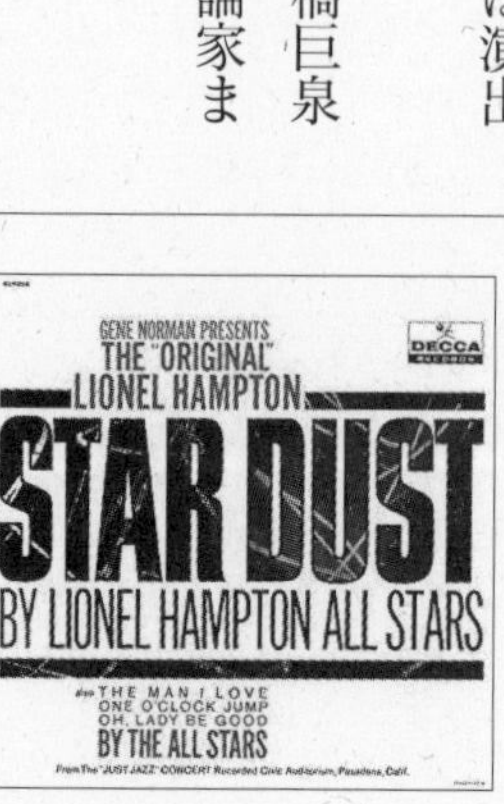

ルイ・アームストロングやベニー・グッドマンのバンドのヴィブラフォン奏者として欠かせない存在だった黒人ミュ

プール付きの大きな家だったけど、ジャズ評論家の家にしてはレコードの数はそれほど多くなかったので、ちょっとした意地悪を言ったつもりだった。

ところが、ライオネル・ハンプトンがバンマスをしている時代のレコードがしっかりとあった。

「凄い！　当り前だけど、さすがジャズ評論家！」

「ウ〜シ！（という独特の笑い声）なんたってオレはズージャーの評論家だからナ。珍しいのを聴きたいんだ」

その頃は正規に市販されている海外演奏のレコード盤はそれほど数がなかったので、あれを聴きたいこれを聴きたいとなると個人で輸入しなければならなかった。そこで、個人輸入を専門にやっている業界人がいて、あちこちの楽屋に顔を出しては注文を取っていた。

そのレコードをターンテーブルに置く。引越しパーティでお客さんも沢山いるから、ほかの部屋に行くのかと思ったら、なんと解説が始まった！

「これはヨ、〇〇〇〇年の録音で……」

解説が終わると、レコードに針が静かに置かれた。

さぁ、やっとレコードを聴けると思ったら、なんと、巨泉さん、そのままレコードと一緒にスターダストのベースのパートを口ずさみ出した！

「♪タンポンパ、タトタトパララ〜、タリラリ、パー、テトタト〜」

ージシャン。ボーカリストや俳優、マルチプレーヤーとしても活躍した。自身のバンドライオネル・ハンプトン・オールスターズとしてリリースした『スターダスト』はアナログ盤にもかかわらず今でも人気で２０１６年に発売されたＣＤは安価で入手可。

ワタシと藤村俊二さんは唖然とした。

巨泉さんは、まるで楽器を弾いているかのようにライオネル・ハンプトンと一緒に口演奏を始めたのだ。

「トヤタタ、ティラララリラ〜♪」

途中のアドリブも一音もハズさず口でやり続けたと思ったら、解説も入る。

「次、パッラ(トランペットのこと)がくるヨ。いいね、この音。♪タテト、トゥ〜ラタヤタ〜。次にスーベー(ベース)ネ」

なんなんだ、これは。ワタシと俊二さんは顔を見合わせて「ン?」である。

巨泉さんは周囲の反応などおかまいなしで口演奏を続けた。ただレコードにあわせて唄っているだけなんだけど、これが見事。

「次、テンポが倍になるからネ」

そんなことぐらい聴いてりゃ解る。トランペットとベースのアドリブだ。巨泉さんも立派にアドリブをなぞる。レコードに合わせて一音もハズさない。

「ここからまた倍になる」

そう、後半はかなりヒートアップした演奏になるのだ。

「ハンプトンは自分のドンバ(バンド)だから、かなり前に出てくるヨ。いいね、いいね」

ワタシたちが今聴いているのは大橋巨泉とレコードのコラボレーションによる不

思議なステレオ演奏だ。

「よし、ここからテンポが半分になる。♪トウヤテト、トウテ、テトテター、トテトテ、トテトラタ～。そして、また半分になる。見事だねェ。エンディングだぜ。終わり？」

結局、大勢集まったほかのお客さんを放っておいて、リスニングルームでライオネル・ハンプトンのスターダストを一曲、聴き終わり、唄い終わった。

「巨泉さんオミゴト？」

ワタシと俊二さんが拍手をすると、嬉しそうに照れながら、

「バカ、お前、これくらいはやるよ？」

《やらないと思う》

「だってお前、このレコード一万回は聴いてるから」

「いくらなんでも一万回聴いたレコードの音じゃないですョ」

「バカ、お前、オレはこのレコード一〇枚持ってるの？」

話半分にしても、確かに五〇〇〇回は聴いていて、レコードは五枚持っているのかもと思った。人間好きなことをやるってこういうことか?とつくづく思った。

評論家って嫌い？というワタシのイメージはこの瞬間に消えた。要するに最後は「人」ということになるらしい。

そう、大橋巨泉さんはスキャットの名手でもあったのだ。

ジャズヴォーカルのスキャットはルイ・アームストロングとエラ・フィッツジェラルドが二大名手だと思う。自分の頭や身体の中に浮かんだメロディに歌詞ではなく♪シュビドゥバシャバダバなどのデタラメというか意味のない言葉を乗せて唄い上げることで自分がまるで楽器になってしまうのである。

元来スキャットとはジャズ発祥の地ニューオリンズで、貧しくて楽器が買えない黒人の子供たちが仲間にメロディーを教える時に♪ジャバドゥバ、ウ～ダバ……と唄っていたのが原点なのである。苦労してお金を貯めて楽器を買うことができるようになってもスキャットは残った。

このスキャットと得意の俳句のコラボがパイロット万年筆のCMで花開いた。

「短ビノキャプリキ取レバ、スギチョビレ、スギ書キスラノ、ハッパフミフミ」

※パイロットの新製品の短い万年筆のCMを大橋巨泉さんがやって爆発的にヒットしたので記憶に残っている人も多いと思う。

この万年筆、胴体は短いけど、キャップをはずして尻側にはめると普通の万年筆の長さになるというアイデア商品だった。商品も爆発的に売れたけど、巨泉さんのコメントの方がヒットしたかも知れない。

「なんたって、あのCMでパイロット社が息を吹き返したんだウ～ッシ💭」と言っていた。確かに業績が悪かったパイロット社が息を吹き返したのだからCMの力は凄い。

パイロットの新製品の短い万年筆
昭和43年に発売した『エリートS』のこと。ショートサイズながら、キャップを反転装着することでスタンダードサイズになるため携帯ペンとしてヒットした。パイロットコーポレーションが初めて有名人を起用した大橋巨泉（当時35歳）のCM「ハッパフミフミ」の力が大きい。

そもそも、巨泉さんはスキャット風のフレーズを日常でも普通に使っていた。

「ボインゆさゆさ、ウエストキュッ、デンブラもっこり、歌ハナツマミソ……」

これは『11PM』の司会を一緒にやっていた巨乳の朝丘雪路さん※を表現してアクション付きで言った言葉だ。今でこそ《ボイン》は普通に使われているけど、何を隠そう巨泉さんが考案した言葉である。《デンブラもっこり》はヒップのあたりを手で表現している。《歌ハナツマミソ》というのは朝丘さんは新曲を出すと『11PM』でよく唄っていたのだけど、元はジャズ歌手なのに歌謡曲に転向して、歌にコブシが入るようになったので、巨泉さんはクサイ唄い方だと言っていた。クサイからハナをツマム、ハナツマミソ。そう、これは朝丘さんの歌を紹介する時のフレーズなのでした。

「ヤダー、もう〇」

朝丘さんは嬉しそうに言いながら唄っていた。

パイロットのCMも、ボインゆさゆさもアドリブなのである。このインパクト、このパワーは見事なもので、一瞬の閃きが冴えわたっている。

トロンボーンは《ボントロ》、ギターは《ターギー》という具合にバンドマンの隠語だったサカサ言葉を日常会話に取り入れて、さらに自分の造語も加えて世に広めたのも巨泉さんのアイディアだ。

「そういえばあいつのタイコはどう？　かなり凄いぞ、ありゃタ・カラ・ヅカだ」

巨乳の朝丘雪路
お嬢様育ちで天然キャラの朝丘雪路は元祖巨乳タレントとしても有名。『11PM』で大橋巨泉が「ボイン」と言ったのは昭和42年、朝丘雪路が32歳の時なので、まだFカップとかGカップなんて言葉がない時代である。

ジャズの流れがモダンジャズに変わりつつある頃、コンボバンド（小編成のバンド）のメンバーは自分の楽器のアドリブが聞かせどころだった。ここぞとばかりにアドリブを演奏する。中でも見せ場はドラムのアドリブだ。

「最初はヨ、ブラッシングで大人しくスーサッカスーサカ叩いてるんだけど、スティックに持ち替えてからが違うんだ。スネアから思い切りスタントンスタントン、ツテトン、ツテトン、ドロロロローからタムタムへ行く訳よ。デケデケドン、ステトンタン、スタントンスタントン、ダカダカ、ドコドコ、ステテントン、アッ、タカラヅカ、タカラヅカ、ステトンなッ〇゜」

巨泉さんはこれを全部口でやってのける。

最後の方に出てきたフレーズ、「アッ、タカラヅカ、タカラヅカ、ステトン〇゜」だが、巨泉さんの耳にはドラムスの音がタカラヅカと聞こえるらしい。

以来、モダンドラマーのことをタカラヅカと呼ぶようになったのだけど、このフレーズを知っている人は何人ぐらいいるのだろう？

「この間、ヤノピ（ピアノ）のザキヤマのシタダー（山崎正）が新しいマークル（車）を買ってハシャイでた。ナオン（女）をカケシー（ひっかけて）、ドライブに行ったんだけど、本命にバレて、レーフラ（振られた）でよ。ザギン（銀座）のダントス・アーバー（スタンドバー）でしょんぼり、ミーノー（飲んで）して、新しいマークル（車）は、そう、あいつサッテコン（コンテッサ）からドーブルバー（ブルーバード）にしたんだけど、ケチついたから安く売るってよ。ザキヤマのシタダー、しょんぼりとズーミー（水）のガレナー（流れ）にズンダタタ（佇んだ）」

こんな会話がジャズマンの楽屋で飛び交っていた昭和五〇年代だった。

●

大橋巨泉さんは世の中の遊びを公の場に引き出した人でもある。

釣りは鮒《フナ》に始まって鮒に終わる……という実に日本らしい釣りが主流だったのを海外の海へ出てバラクーダのトローリングで世間をアッと言わせたし、少し暗いイメージがあった麻雀を明るいゲーム感覚で茶の間に広げ、若干後ろめたかった競馬や一部で流行しつつあったボーリングをこれまた一気にテレビ番組にしてしまい、ちょっとエリート感のあったゴルフも広く庶民の味方にしてしまった。

しかし、実際のところ、麻雀以外はそんなにやっていなかった。

「センキョ（巨泉）がさァ、大の大人が玉転がしやってどこが楽しいんだって言ってたのにボーリングの番組やってんだよなァ」とTBSのプロデューサーが感心していた。「あんな広い場所で小さいボールを小さい穴に入れてどこが楽しいんだ?」と言いながらも番組でゴルフをやったら結構上手かったりもした。

ある日、巨泉さんのマネジャーが競馬新聞を持っていたので、「競馬やるの?」と聞いたら、「巨泉さんに買って来いって言われたんです」と大井競馬の新聞を持っていたので驚いた。

だって、以前、「奥山、お前考えてもみろよ。競馬で倉を建てたヤツはいないんだヨ〇。」とワタシに言っていたからだ。

ワタシの競馬歴は中央競馬のコダマが三冠馬になるかどうか話題になっていた頃からだから、そこそこ長い。大井競馬は当時大井オートレースと並んでいて、ワタシは競馬もオートレースもやっていたから、巨泉さんが競馬をやると言うので話してみたら、今は研究中だから馬券は買わないと言っていたけど、競馬新聞を読み出してから三カ月後には凄い知識だったのでびっくりした。

「奥山〇。競馬はデータよ〇。ウッシシ」

そんなことは少しやっているから解る。確かにデータは大切だ。でも、競馬というか勝負には勘も大切だ。

「だけど巨泉さん、船橋の佐々木タケが大井へ来ると、二レースか三レースは出場して必ずどれかのレースで一着になるけど、どのレースを買うかは勘でしょう？」

「バカ、お前、それは当日の流れとデータよ〇。」

でも巨泉さんは大井競馬場へは行かない。つまり予想だけだ。

その後、中央競馬の解説もやっていたけど自分で馬券を買うのは一〇〇円からせいぜい五〇〇円の間。これが巨泉さんの信条である。

データを調べて、そのレースの展開を予想する。実に詳しく、実に楽しそうに予想するのだ。その予想が自分の展開通りだと機嫌がいい。

「なッ、だから言ったじゃない」

「でも予想は当たってないデスよ」

「あそこでもう半分左に寄ってれば勝ったのにねぇ。惜しい💭」

それって予想か？

そして一度か二度、不思議な声が放送された。聞き取れないくらいの小さな声で
「ヨシ💭　やった💭」

予想はハズレているのにラジオから小さな声が聞こえたのである。

「ヨシ💭　やった💭」

巨泉さんは番組で予想した馬と違う馬の馬券を買っていたのだ。

《えッ？　それってどういうこと？　予想してない馬券を買ってるんだ💭》

「だってお前、いくらなんでもこの馬券は放送では言えないよ。危ないもん。あの馬が先行失敗してこの馬が抜けて、うまくいったらこうなるって馬券だよ。多くの人が貴重な金を賭けるんだから最大公約数の数字じゃないと世間に悪いじゃない」

とは言うものの、馬券は一〇〇円を一枚だけ買っている程度だ。

巨泉さんにとって競馬はあくまでもロマンなのである。どうあっても競馬で倉は建たない。解説をして巨額のギャラを貰って立派な倉を建てたのである。

大橋巨泉セミリタイヤパーティの一場面（左から、沢口義明、大橋巨泉、原すすむ）1984.3.22

大橋巨泉さん　第二幕

大橋巨泉さんは言っていることとやっていることのギャップがある人だった。

「バカ、お前、車なんて移動する手段なんだから、そんなにピカピカにして乗ってるのは日本くらい。アメリカなんて縦列駐車する時、あとちょっとで止められるって時にはガンガンぶつけて駐車しちゃうヨ。だって、お前、考えてごらん、バンパーはそのためにあるんだから！」

と、言いながら、フジテレビの人気番組『ビートポップス』の出演を終えて駐車場へ向かった。

当時、巨泉さんはアメ車のフルヴァージョン、黄色のバラクーダに乗っていた。

ふと車体に目を落とすと小さな傷が付いていたらしい。

「ン？　おい！　なんだこの傷！　ワッ、ヤバイ！」と騒ぎだした。

「巨泉さん、車は移動手段だからちょっとした傷くらい当たり前って言ってましたよネ」

「バカ、お前、普通に乗る時はやっぱりきれいな方がいいヨ！」

コインで擦ったような傷をじっと見ている巨泉さんを見て、あァこの人はバンパーをぶつけても怒るんだろうなァと思った。

今も昔もテレビ、ラジオでレギュラー番組を持つということは、それなりの実力と実績と運とタイミングが必要で、せっかくのレギュラー番組も何時終わってもおかしくない厳しい世界である。

なので、誰もが自分の番組を大切にして頑張っている。

日本人の仕事好きと責任感の強さと言うのだろうか。たとえ休みなんかなくても、朝がどれだけ早かろうと、夜がどれだけ遅かろうと、文句一ツ言うタレント、歌手、俳優などかつてはいなかった。

「夏休みを頂きたいのですが」

などと局の偉い人や仲間のリーダーに言おうものなら、

「あァいいよ、一生休んでれば⁉」

と言われた世界だ。今のように、ワイドショー番組で、「○○さんは今日から一週間夏休みを頂きますので、私が代って司会をやらせて頂きます」なんてことが普通になるなんて、半世紀以上も前の労働環境を思うと夢のまた夢だった。

そんな夢のような話を現在はどちら様もするようになったけど、その元祖は前田武彦さんであり、大橋巨泉さんだった。

「オレは遊ぶために仕事してるんだからサ」が口癖、ではなく《信条》だった。

長期休暇が終わって帰って来たら自分の居場所がないのが当たり前だった芸能界で、巨泉さんだけは休んでも居場所があるのが当たり前だった。

だが、それはゴリ押しではなかった。

いろいろなことをちゃんと合理的に考えてのことだった。

あれはいつだったのだろうか。

よく、『11PM』が終わってから沼津へ潜りに行っていた。

ブームというほどじゃないけど、潜りが少し流行り始めていた頃だ。

スキューバダイビングではなくて素潜りなので、裸体にゴーグルとシュノーケル、折角だからゴムで突くヤスの一本も持てば完了。と、最初はシンプルだった。

でも、ちょっと上達してきたら道具にも凝りたくなるもので、いつしかウェットスーツが欲しくなった。どうせ買うならと、既製品ではなく、オーダーで、胸のあたりに自分のイニシャルが付いたウェットスーツを買い揃えたら、もう、気持ちはプロ💭。潜りのプロなんて知らないが、テンションはMAXだ。

浮かれている顔ぶれは大橋巨泉さんと『11PM』の作家たちである。

河野洋、田村隆、喰始※、奥山と恵章。他にも何人かいたが思い出せない。

まだWAHAHA本舗※がなかったので、昭和五〇年代前半だろうか。

不思議なことにほとんどが青島幸男さんの弟子で、喰始が永六輔さんの系統。恵章が潜りの先生で皆に教えてくれた。

どうして全員一致で潜りに行くことで盛り上がったのかは不明だけど、我々よりももっと忙しい大橋巨泉さんの潜りに対する興味と好奇心が強かったことに影響されたのだと思う。

それぞれが忙しい時に寝る間をさいて夜中に高速で沼津まで走った※。

喰始
昭和22年12月25日生まれ。日大在学中に永六輔主催の作家集団に所属したのがきっかけで『ゲバゲバ90分』で放送作家としてデビュー。『コント55号のなんでそうなるの』などの人気作品を手がける傍ら、昭和59年にWAHAHA本舗を旗揚げする。

WAHAHA本舗
旗揚げからのメンバーは柴田理恵、久本雅美、佐藤正宏ら。法人としての所属タレントは梅垣義明、猫ひろし、ポカスカジャンなどなど。

高速で沼津まで走った
東京～沼津は東名高速道路で103・3㎞なので、一般道も含めたら2時間半はかかる計算。

『11PM』が終わってから車数台で高速を飛ばして、いつもお世話になっている釣り宿に到着するのは深夜と明け方の中間の時間だった。

二〜三時間仮眠してから潜りの現場へ行く。

釣宿の二代目カッちゃんが操る漁船で沖合三キロくらいに浮ぶ灯台の島、というか、岩というか、周囲一〇〇メートルほどの小島に向かう。

ちゃんと船付き場があって、そこは八メートルくらいの深さがある。

さて、と。全員が自分のヤスや銛をポンと水の中に放り込んで、八メートルの底から拾い上げては耳を馴らしたりコンディションを整えたりして魚を探し始める。

沼津の海はそこだけかも知れないが巨大な岩がゴロゴロ重なりあっていた。四畳半とか六畳くらいもある巨大な岩だ。その間をヒラマサやカンパチが列を組んで通って行く。初心者はそれを見ているだけで手を出せない。

なんとか手が届くのはカワハギかウマヅラかなんだか知らない魚ぐらいだ。そいつらだって、とても一回や二回の潜りで突ける訳じゃない。経験が必要だ。

体脂肪が多いのだろう。突く以前に水中深く潜らなければならないのだが、巨泉さんだけが尻が浮いて潜ることができなかった。

潜りにはコツがあった。確実に頭が真下に向かないとスーッと潜れない。

真夏でも五メートル潜ると水の温度が変わってヒヤッとする。巨泉さんはせいぜい三メートルくらいの深さでバシャバシャやっている。

二〇分も海中にいると寒くなり、陸へ上がっても震えが止まらないというのに、一人だけずっとバシャバシャやっている人がいる。大橋巨泉さんだ。人より一回五分ほど長く潜っているとして、一日一〇回だったら五〇分も多く経験していることになる。集中力？　ただ好きなだけ？　どっちにしろみんなより五〇分多いのに、バシャバシャやるだけで中々沈まない尻を見ていた。

我々は陸の上から励ましの声をかける。

「ヨォッ、もう少し！」

「ケツを沈めて！」

「カバの水浴び！」

「ガンバレ、メガネ豚！」

などと、言いたいことを叫んで、しまいにはシュノーケルに水を注ぐ者もいた。

「ブハ〜ッ、このシュノーケルは壊れてる！」

そんな我々の横では若くて美人の新妻がニコニコ笑っていた。

ひと夏に五〜六回は行っただろうか。

ビギナーの中で最初に魚を突いたのは巨泉さんだった。と言っても一〇センチほどの小魚である。

凄いハナ息だった。

「なんたって魚ってくらいだから早いのなんの！」

「後ろから静かに近寄ってバシュッで一発よ♡。」

そりゃ、みんな同じことを教えられてやっているんだから言われなくても解るのに、最初に突いたものだから自慢の嵐だ。

「巨泉さん、明日のイレブンではこの小魚が三〇センチって言うね」

「当然♡。」

翌日の『11PM』のオープニングでは一〇センチの小魚が一メートルの大魚になっていた。

憎めない人である。


そんな、一〇センチの小魚を一メートルと自慢しちゃうような、子供っぽい……というか、やることが幼い、少年のような人だったけど、ワタシは別の大橋巨泉さんを見ている。

ある日、日本テレビの近くに借りている巨泉さんのマンションに放送作家たちが集まった。

今度は潜らない話である。アメリカへ遊びに行こうという計画を立てていた。

そして、ちょうどこの頃、大橋巨泉さんの恋愛が始まっていた。

我々の計画は先ずニューヨークへ飛んで、ブロードウェイへ直行♡。というものだった。

「『アパートの鍵貸します』を演ってるの?」

「観たいよなァ♡」

「観たい観たい♡」

『アパートの鍵貸します』はジャック・レモンとシャーリー・マクレーンの主演で大ヒットした映画だ。その映画を原作にした『プロミセス・プロミセス』※というタイトルのミュージカルがブロードウェイでやっていた。

と、ブロードウェイの計画で盛り上がっている最中に電話が鳴った。

「ハイハイ、ボクちゃんですョ。今ね、みんなでアメリカ旅行の話をしてたの。なァに? 明日早いからもう寝るの? うん、オヤスミ♥ はい大丈夫、ボクちゃんもなるべく早く寝るからネ、心配しなくていいョ。はい、じゃオヤスミ♥ 風邪引かないようにね。うん、はいオヤスミ♥ 今度は本当に切るよ。オヤスミ♥」

その会話を聞いていた全員が顔を見合わせた。

だって、寸前まで、「だから、ニューヨークはブロードウェイとロブスターが旨い店くらいでいいだろ。その分、ベガスで時間取った方がいいぞ♡ 解ったナッ♡」と威圧的に言っていたのに、「もしもし、あーボクちゃん」だもの。

これを指して《少年のような》と言ってもいいのなら、間違いなく《少年のような大橋巨泉さん》を我々仲間たちはしっかり見ている。

仕事をしている大橋巨泉さん、遊んでいる大橋巨泉さん、恋をする大橋巨泉さん。

※『プロミセス・プロミセス』昭和43年にブロードウェイで初演されたミュージカル。原作は大ヒットした映画『アパートの鍵貸します』。ニール・サイモンが脚本、作曲がバート・バカラックという豪華メンバーで、昭和44年のトニー賞(ミュージカル主演男優賞ほか)をはじめいくつもの賞を受賞して、昭和47年までに1281回のロングラン公演を続けた。

このギャップの大きさに驚かされた。

ピュアなのか、ストイックなのか。

そういえば、ストイックには克己という意がある。

巨泉さんの本名は大橋克巳だ。なるほど、ここはストイックということにしておこう。


話を潜りの話に戻します。

潜り疲れてからみんなでワイワイと食べる夕飯はこれまた旨かった。

そして、食後、一服を終えたら、さあ、始めますか、という感じでポーカーゲームが始まった。

放送作家仲間ではよくポーカーをやっていたけど、巨泉さんが参加するのはその夜が初めてだった。

キング・オブ・ゲームと呼ばれるポーカーはあらゆるゲームの中で唯一嘘をついてもいいゲームだ。カードを五枚使ったり、七枚使ったりとゲームは数種類あって、親になった人がゲームの種類を決めることができる。

強い順序はどのポーカーゲームでもワンペア、ツーペア、スリーカード、ストレート、フラッシュ、フルハウス……と同じだけど、いざゲームが始まると巨泉さんの解説が、まァ凄かった。細かいし、くどいのである。

「お前さァ、二枚目のカードでレイズした時はツーペアかなと思ったけど、三枚目でレイズ・バックしたろう。あれ、もうフルハウスになったかなと思ったら、次のカードでそのままコールしたろう。やっぱり、フルハウスだ。あッ、これはひっかけだと思ってオレはダウンした！」

長々と解説が続く。

そして我々仲間でやっているルールと違う箇所が出てくると、

「なんだそれ、ダメだよ！　そんなルールはポーカーにない！　だって、バカ、奥山！」

「でも、オレたちいつもこのルールでやっているから……」

細かいことは忘れたけど、兎に角ゲームが中断した。

「それが通るなら、やってらんないよ！」と、巨泉さんがカードをバーンとテーブルに叩きつけたのだ。

成り行きってのは恐ろしいもので、ワタシも小声だったがムッとして、

「なんだそれ！」と言ってしまった。

「なにィ？　コノヤロ！」

ワタシは眼鏡を外した。以前喧嘩した時、眼鏡をかけていると不利だってことを経験しているからだ。

「やるのかお前！」

巨泉さんが立ち上がった。ワタシも立ち上がった。

「止めて〜ッ⁉　ボー、止めて⁉」

美人の新妻は巨泉さんのことをいつもボーと呼んでいた。

そんな一触即発の出来事があったことを忘れてはいなかったけど、今まで誰にも話したことがなかった。

が、少し前に放送作家仲間たちとの食事会があった時、若手の作家、清水東に、

「奥山さんって武闘派なんですね」と言われてびっくりした。

「ホトケの奥ちゃんと言われてるんだけど…」

清水東くんの父は津瀬宏で『小沢昭一的こころ』の台本を書いていたワタシの大先輩だ。『ゲバゲバ90分』で一緒に仕事をしたことがある大好きな先輩である。

その息子である清水東くんが、なぜワタシを武闘派と言ったのかが判明した。

ずっと交流があった河野洋から巨泉さんとの喧嘩の件を聞いたそうだ。

「だから恐くて声をかけられなかったんです」

「ホトケの奥ちゃんだって言ってるでしょ」

そんなキッカケで、四〇年も前のことでもあるし、人生で一度だけ巨泉さんと喧嘩して、一触即発になった話をちょっと書いてみました。

十周年記念パーティー　1979. 7 .24

杉原 淳
(サラブレッズのテナーSAX)
せんだみつお
大橋ひろみ
(巨泉さんの姪)
児島美ゆき
西村知江子
(HOWマッチのアシスタント)

大橋巨泉事務所

巨泉さんの誕生日に開催されたJAZZコンサートの一場面〈左から、せんだみつお、湯原昌幸、奥山侊伸、豊田チカ〉**2017.3.22**

愛川欽也さん　第一幕

ワタシが愛川欽也※さんと出会った頃はまだ「おまっとさんでした」という挨拶が口癖ではなかった。

ふり返ってみると、本気でバラエティに軸足を置いた時から「おまっとさんでした」という挨拶をするようになった気がする。

本気でというのは愛川欽也さんは俳優座出身※で元々は俳優を目指していたからだ。

残念ながら、愛川欽也さんが全国区になったのは役者としてではなかった。

TBSラジオの深夜番組『パックインミュージック』※の水曜日を担当していた時にハジケるようにブレイクした。

愛川欽也さんを支持したのは圧倒的に若者だった。

ブレイクにつながったキーワードは『テトラ』と『ポール』である。

あちこちの海岸で目にする波除けのコンクリートブロック、テトラポットが、愛川欽也さんには四ツ足というのか、見方によってはなんとなく人間の股間の集まりに見えたのだ。微笑ましいエロを感じたのである。

そこで、欽也さんはこの『テトラ』を女性器の呼び名にしてしまった。

これは画期的なことだった。

アメリカのプッシーみたいに誰もが口にできる女性の性器の共通語が日本にはなかったからである。それこそ、お○○こが全国区かと思ったら、地方によって様々で、四国ではチャコ、京都辺りはボボ、東北ではベッチョなどなど。

愛川欽也
昭和9年6月25日生まれ。東京都豊島区出身。『いなかっぺ大将』のニャンコ先生など声優として活躍後、ラジオ、テレビの司会者としてブレイク。2014年、『出没!アド街ック天国』の司会が情報テレビ番組の最高齢司会者としてギネス世界記録に認定される。俳優としても活躍。

俳優座出身
俳優座は昭和19年に旗揚げした日本を代表する新劇団のひとつで、俳優養成に定評があったため映画会社の新人俳優の育成も請け負っていた。劇団出身者は田中邦衛、仲代達矢、平幹二朗、井川比佐志、山本圭、原田芳雄、秋野太作、古谷一行、菅井きん、市原悦子などなど錚々たる顔ぶれだ。

『パックインミュージック』の水曜日を担当していた時
『パックインミュージック』は

無難なところでは『アソコ』と表現していたけど、TBSの深夜の電波から『アソコ』や『お○○こ』が『テトラ』に変わって全国津々浦々まで響き渡り、特に問題にもならなかった。画期的である。

番組では女子高生からの葉書が欽也さんの滑舌のいい喋りで全国に紹介された。

「キンキン今晩ヮ。わたし一六歳なんですけど、まだ恋人がいません。好きな人はいるけど、好きな人には好きってなかなか言えないもんですね。なんだか毎日モンモンとしています。それでね、キンキン聞いて聞いて。ふと気が付いたら、わたしのテトラが大きくって言うか、ふっくらって言うか、なんだか盛り上がってきたみたいなの。好きな人のことを毎日想っていると、テトラって大きくふっくらしてくるんですか?」

「あー、そう。好きな人のことを思うとテトラがふっくらねぇ、へェーッ……」

これが水曜の深夜、赤坂のラジオ局から全国を駆けめぐった。

こんな明るい青春の性の悩み相談は初めてだった。

それまではこの手の話は陰でコソコソするものだったけど、愛川欽也さんは言葉を発明したのと同時にその悩みを明るく開放したのだ。一大革命である。

普通の女の子がテトラの悩みを話せるようになった。

ついでに男性の場合は『ポール』とまァ無難な言葉で落ちついたんだけど、番組ではすぐにポールリフティングというオバカなコーナーが誕生した。

昭和42年から昭和57年までTBSラジオと系列局で放送された深夜番組。パーソナリティは近田春夫、ばんばひろふみ、吉田拓郎、南こうせつ、河島英五、野沢那智&白石冬美など。愛川欽也は昭和46年4月から昭和53年6月まで、火曜もしくは水曜の深夜を担当した。テーマソングは『ルート66』の主題歌。

自分のポールを勃起させ、そこへいろんなものをぶら下げてパワーを競うコーナーである。人生で一番肉体が充実している高校生が全国からこぞって参加した。

参加と言っても葉書での参加だから当然自己申請である。ラジオの葉書職人は文章力やセンスが必要だけど、ポールリフティングは頭じゃない。自分の持ちもの、パワーが勝負だ。

「キンキン、やったぜ○ オレのポールは普通サイズだけど、堅いんだ。先日、仲間五人と勝負をした時、少年ジャンプを三冊、ついにぶら下げたぞォ〜○」

「オイオイ、本当かね。うらやましい○ 折れるぞ○ ン？ ポールには骨がないから折れないか……」

テトラとポールは全国の若者に定着した。

そして、愛川欽也という名前も全国区になった。

その愛川欽也さんと初めて会ったのはテレビのレギュラー番組だった。が、知らずに会っていた。というのも彼はぬいぐるみを着ていたのだ。

日本テレビの朝の番組『※おはよう！こどもショー』のスタジオで会っていた。子供たちに人気の番組で、司会は楠トシエ。欽也さんは『※ロバくん』の役でロバのぬいぐるみを着ていた。

ディレクターから「このロバはとても器用で、なんでもできるから、ロバのセリフは子供を意識しなくていいョ」と言われていたので、それなりに台本を書いたら、

『おはよう！こどもショー』
昭和40年11月から昭和55年9月まで日本テレビと系列局で毎朝放送されていた子供向け番組。こどものどじまんの司会を横山やすしと西川きよしが担当していたり、漫画家の古谷三敏が何でも相談コーナーに出演していた。

『ロバくん』
愛川欽也がロバくんとして出演していたのは番組開始の昭和40年11月から昭和47年3月まで。ロバくんには弟がいたので正確には《ロバくん(兄)》。ロバくん(弟)の声は後に『宇宙戦艦ヤマト』の古代進役でブレイクする富山敬だった。♪ロバくん、ロバくん、ロバくんのぉ〜……という唄が懐かしいのは50代以降だね。

本当に達者で器用なロバだった。

子供向けの朝番組なのに、ある日、ロバが遅刻をするこんな話を書いた。

「こらっ、ロバくん。遅刻しちゃダメじゃないの♡」

「ごめんごめん、ついうっかりしちゃったんだ」

「遅刻したら、普通は走って来るでしょう。みんなを待たせてるんだから。ロバくんはのんびり歩いて来たわよネ」

「え〜ッ、見てたの!?」

「だって、遅いから心配して見てたのよ。そうだ、今度遅刻したらロバくんの目の前に赤い布をヒラヒラさせることにしよう♡」

「赤い布をヒラヒラさせて走るのは牛だよ。ぼくはロバだから効かないよ」

「ウムー、そうか。じゃロバくんの目の前に人参をぶら下げよう♡」

「あ〜ッ、それは効果あるなァ。だけど、トシエさん。人参というのがスゴイ♡緑のキュウリや、紫のナスビじゃ、ぼく、走らないもん♡」

「そうか、赤がいいんだ。ワタシ、赤が好きだから」

「へェ〜、あのね、赤い色が好きな人って助平なんだって♡」

「何言ってるの♡」

と言う台本がＯＫになって、ロバくんが実にあっけらかんとやってくれた。

スタジオに居たお母さんたちにも子供たちにも受けていたような気がする。

そののち、テレビの仕事を一緒にやるようになり、言葉を交わして驚いた。

「えーッ、愛川さんってロバくんだったの⁉」

家に帰って『おはよう！こどもショー』の台本を取り出して見たら、出演者のところに《ロバくん…愛川欽也》と書いてあったのでとても感激したのを覚えている。

だって、俳優座出身なのにロバのぬいぐるみをかぶっているなんて、腹の中に確固たる信念がなくてはできないはずだもの。

聞くと、ロバくんの前はアルバイトで食いつないでいたと言う。

「看板の絵を描いてたんだ」

「どんな絵？」

「映画の……、ほら、映画館の横に立ててあったり、上に吊るしてある看板」

「俳優さんの似顔絵なんか描いてあるアレ？」

「それ。絵を描くのは昔から好きだったから、まァまァ楽しかったよ。そのあとはキャバレーのボーイさんもやったし、ドラムも叩いたし……」

芸能界にはいろんなタイプの人間がいる。

若い頃は気付かなかったけど、この世界に長く居ると、芸能界には普通の人が少ないことにある時気付いた。普通の人は必要がないというよりも需要がないのだ。

だって、一瞬の間に泣いたり、怒ったり、笑ったりを自然にやってのける技が必要なのだから。そんなこと、誰もができることじゃない。

唄ったり、踊ったりだって、人様が見て聞いて「へーェ」と驚く技を持っていないと需要がない。唄ったり、踊ったりできる人の中でも特に優れている人だけが陽の目を見る。なんにも芸を持っていない人は裸になるしかないし、普通の人はお客さんになればいい。

欽也さんも全体的にはバランスが取れていたけど、やっぱり普通ではなかった。ブレイクしたのは四〇歳前後だ。

売れるのが遅かった分、仕事に対する態度は真面目そのもの。どんな仕事でも受ける心構えでいた。

中年から花開く人たちは仕事に対するパワーが凄い。俳優を目指しながら、キャバレーでドラムを叩いたり、看板屋で絵を描いたり、ロバのぬいぐるみを着ていた時代があったからこそ、声をかけてもらった仕事は全部こなす覚悟だったのだろう。いつ寝てるの?と心配になるほどテレビやラジオに出ていた。

我が家は四谷にあり、昔はどのテレビ局にも、どのラジオ局にも近かったので、欽也さんは番組が終わって次の番組まで時間があると、よく我が家に来ていた。

ある日、《愛川欽也、四谷に愛人か?》と週刊誌に載ったことがある。

相手の女というのはワタシのカミさんだった。

愛川欽也さんとワタシのカミさんとで近くのレストランで二人で食べる。その足で喫茶店へ行く。もう少し時間がある時は二人でパチンコをやっていた。

確かに《四谷に女がいる》と噂になってもおかしくない行動だった。

夜遅く仕事が終わって、朝早い番組のゲストに出る時などはそのままずーっと我が家に居て、一睡もしないで朝になったらスタジオへ、ということが時々あった。

問題は静かに居るわけじゃないことだ。テレビやラジオと同じテンポ、同じ熱量で一晩中ずーっと喋っていた。カメラとマイクがないだけで、朝まで面白さをタレ流していたのだ。カミさんもタメグチで喋っていた。

ワタシは原稿を書くのが夜中から朝までだったので、欽也さんが居る夜は原稿が全然進まなかった。

ワタシが打ち合わせを終えて、家に帰ると愛川欽也さんが居て、

「ヨォ♡。　おかえり♡」

と、ワタシを出迎えてくれることもあった。

「ご飯にしようかな」

「ゴメン♡。　奥ちゃんのご飯、全部食べちゃった」

食事をしようと思ったら、ワタシの分を全部食べてしまったらしい。

「じゃ、出前をとるよ」と言うと、

「悪いからオレも付き合う♡」

カミさんが驚いた。

「えッ♡。　欽也さん、あれだけ食べて、まだ一時間くらいだョ」

「そこは優しくしてあげないと。奥ちゃんも疲れて帰って来たんだからさ……」

そう言うと、ワタシと同じくラーメンとチャーハンを注文した。

本当によく食べる人だった。

よく食べると言えば、こんなこともあった。

ナマコ餅って知っているだろうか？

海にいるナマコの形に仕上げた大きな餅のことなんだけど、欽也さんはこれを自分の好きな厚さに切って焼いて食べるのが好きだった。

これは自分の家での出来事。

一本のナマコ餅を自分で切って、本を読みながら、ストーブの上で焼いて食べていた。豆餅なので醤油も付けずにそのまま食べる。

で、気が付いたら一本ペロリと食べてしまっていた。

「流石に腹がきつくて動けなかったヨ。だから今日は寝不足〇゜」

食べる量だけではない。食べる早さも凄かった。

昔の羽田空港でのこと。昔の羽田空港は現在の大きさからは想像もできないほど小さくて飲食店もあまりなかった。

フライトの時間まであまりなかったので、レストランに入って一番早くできるものの、カレーを二人で頼んだ。急いでいる時の注文はカレーに限る。

ところが、このカレー、早く出てきたのはよかったけど、やたらと熱かった。

「おれ猫舌なんだよなぁ……」

と、ふた口ほど食べて顔を上げると、欽也さんはきれいに食べ終わっていた。

「オレも猫舌！」

あの熱いカレーをあっと言う間に食べるのだから嘘だと思ったけど、彼は本当に猫舌だった。

週に二回、欽也さんのラジオ番組が終わると、その流れで焼肉を食べに行った。

ワタシの弟子たちも連れて行ったので、ハラペコの男たちが五、六人、網の上に肉を一気にどんと載せる。欽也さんは食べるのが早いから、誰かが「あッ、それ！」と悔しそうに叫ぶことがよくあった。表面の色がちょっと変わったらすぐ口へ運ぶのである。肉にはそれぞれ好みの焼き具合があるから、じっくり焼けるのを待っている自分の前の肉をさっと持っていかれると思わず「あッ！」と言ってしまう。

「それはボクがせっかく……」

「焼肉は網の上では皆のものだろ！」

「だって、欽也さんは猫舌なんでしょう」

「そうだよ。だから焼肉の時はいつも口の中をヤケドしてるヨ！」

支払いはアミダクジで決めた。

五〇％払う人、三〇％、一〇％……支払いゼロもあるので食べ終わってからもひと盛り上がりした。

クジ運が強い愛川欽也さんは支払いがゼロとか一〇%が多かったので、弟子の一人が涙声で訴えた。

「欽也さんのそのふくらんだ腹の肉の半分はボクのお金ですからネ💧」

アミダクジ食事会が恒例になったので、ついには『アミダの会』を結成した。線(ライン)の上で勝負するのでラインオンズクラブと命名して、ちゃんと立派なバッジまで作った。

その頃、仕事が一緒だったアグネス・チャンも入会させて、ラインオンズクラブの香港支部長に任命した。関西支部長は桂三枝さんだった。

いい大人が焼肉ばかりじゃ芸がないので俳句の会も作った。

ただし、この顔ぶれで俳句と言うのは芭蕉に失礼なので、句(九)会の一ツ下で破(八)会と名付けた。欽也さんの俳号は『江戸乱爺』と書いてエトランゼ。当時※スカートめくりでブレイクしていた巨大なバストの児島美ゆきはムーミンが流行していたので『乳眠』。※弟子の秋元康も二〇人ほどメンバーが居る端の方に参加していたけど、皆さん忙しくなったのでいつの間にか消滅してしまった。

ちなみに、愛川欽也さんの俳句にこんなのがある。

『途中まで
　来てみて辛い
　　波のひだ』

スカートめくりでブレイクしていた児島美ゆき
児島美ゆきは昭和45年に映画『ハレンチ学園』三部作に主演したのをきっかけにセクシータレントとして脚光を浴び、『TVジョッキー』の初代アシスタントや『ローラーゲーム』などのバラエティ番組に出演した。当時のテレビは番組内でスカートめくりをしても大丈夫だったのだ。

弟子の秋元康
秋元康は昭和50年、高校2年の時に書いたパロディラジオドラマ（せんだみつおが主人公の平家物語）をニッポン放送に送ったところ、この子には才能があると見抜いて、ニッポン放送に遊びに来るように声をかけたのが奥山侊伸だった。以後、高校生のまま奥山侊伸の弟子となり、今でも弟子たちが一堂に会する奥山会の幹事を買って出ているので、とても義理堅い男である。

ケロンパの母校、実践女子学園の学園祭に出演した時の写真〈ケロンパの左が愛川欽也で右が奥山侊伸、その右が信楽順三〉

愛川欽也さん　第二幕

ある日、愛川欽也さんは自主制作の映画を作ると言い出し、数本のレギュラーをすべて休み、一ヵ月のスケジュールを組んだ。その動きは早くて情熱的だった。

※『さよならモロッコ』というタイトルで、舞台はモロッコである。

自主製作の映画だから資金は自腹、つまりプロデューサーだ。主演、監督、脚本、音楽、すべて愛川欽也である。相手役のクロディーヌはフランスへ行って自分で選んだ美人女優だった。

欽也さんは、この映画の製作が始まった頃から自分はフランス人だと言い始めた。

そういえば、仕事でフランスへ行った時、

「よし、奥ちゃん。このフランス語だけ覚えて行こう💭　セコンビアン💭」

セコンビアンは「いくらですか?」という意味だ。

食事へ行った時、大嫌いな牡蛎を注文したので驚いた。

「それがね、フランスの地を踏んだ瞬間、眠っていた血が目覚めたんだ。フランスの空気、フランスの風、フランスの光、すべてが懐かしいのさ。だから、牡蛎も懐かしいんだ💭」

嘘みたいな本当の話である。しかも一個や二個じゃない。「半ダースねっ」とフランス流の注文をしていた。

「牡蛎は半ダースとか一ダースで注文するんだよ、我々フランス人は💭」

フランス人から日本人に戻った時、欽也さんはトラックの運転手になった。

『さよならモロッコ』
昭和49年に東宝の配給で単館公開された愛川欽也監督の映画。愛川欽也は私財を投げ売り、借金までして、監督のほか、製作、主演、脚本、音楽の5役をこなした。上映時間は85分。愛川欽也が作曲したサウンドトラックはレコード化されているけど、映画はビデオ化もＤＶＤ化もされていないので今のところ視聴不可。

『あなただけ今晩は』
日米ともに昭和38年に公開されたアメリカ映画。製作、脚本、監督はビリー・ワイルダー。娼婦役はマリリン・モンローが急逝したためシャーリー・マクレーンが演じた。テレビ放送時の日本語吹替はシャーリー・マクレーンが小原乃梨子で主演のジャック・レモンが愛川欽也。吹替版はパッケージ化されていない。２００８年に発売されたＤＶＤ(字幕版／定価４１０４円)は映画の吹き替えで活躍していたことがある欽也さんは声優のハシリでもある。名画『※あなただけ今晩は』『※アパートの鍵貸します』『※お熱いのがお好き』を始め、日本で公開されたジャック・レモンの映画は一本を除いて全部愛川欽也さんの声である。ジャック・レモン本人のようなエロキューション（発声法）だった。

ジャックの前は※マーティン・ミルナーの声を担当していた。

アメリカのテレビドラマ『※ルート66』。

男二人が車でシカゴからサンタモニカまでを旅をする話で人気があった。

このストーリーをベースに考えたのが『※トラック野郎』だった。

欽也さんの企画に東映が乗って、映画化ということになったので、脚本は奥山と弟子たちが束になって書くことになった。

脚本ができたらすぐ撮影というやたらと急いだスケジュールである。

当時の映画会社は金があった。

ホテルオークラに二間続きの広い和室を取ってくれたので、六、七人が缶詰になって脚本を書いた。飲んだり、食ったり、書いたりである。

放送作家は薄利多売なのでそれぞれが番組を何本も抱えている。ホテルオークラから出勤してはホテルオークラへ戻る生活がしばらく続いた。

毎日書き終わった分を映画会社の人が持ち帰った。愛川欽也さんもホテルへ来て「ここをこうしよう。」と提案した。自身の企画だから力が入っている。

入手可。

『アパートの鍵貸します』
日米ともに昭和35年に公開されたアメリカ映画。製作、脚本、監督はビリー・ワイルダー。テレビ放送時の日本語吹替はシャーリー・マクレーンを市川和子、主演のジャック・レモンを愛川欽也が演じていて、この吹替が収録されたDVD（定価4104円）は現在も入手可。

やっと、半分ほど書き終えた頃、東映から書き直しの伝言が来た。
その話を聞いて全員呆然。映画の出だしを思い出しながら再現してみよう。

ヘリコプターから夜の街道の絵。
(SE)ヘリの音。
それにかぶせて
(SE)八代亜紀の演歌が大音量で流れる。
カメラ、段々下へ降りて来る。夜の街道に光がチラチラ輝いている。
カメラがどんどん下がる。
チラチラ光っていたのはトラックの装飾電気。デコトラが数台走っている。
一台の運転席にカメラが入る。※菅原文太の横顔のUP。
八代亜紀の歌はこのトラックのカセットである。
次のシーン。愛川欽也の運転席へカメラが入る。
外から漏れ聞こえる歌に合わせて大声で一緒に唄う愛川欽也。
カメラがすーっと上へ。真闇の街道にデコトラの列。大音響の八代亜紀の歌。
沿道の家の灯りが次々につく。何事かと窓から外を見る住人が流れていく。
真上からのヘリショット。
トラックが通り過ぎると順に家々の電灯がつく。

『お熱いのがお好き』日米ともに昭和34年に公開されたアメリカ映画。製作、脚本、監督はビリー・ワイルダー。テレビ放送時の日本語吹替は歌手役のマリリン・モンローを向井真理子、サックス奏者役のトニー・カーティスを広川太一郎、ベース奏者役のジャック・レモンを愛川欽也が演じた。この吹替が収録されたDVDは1500円前後で現在も入手可。

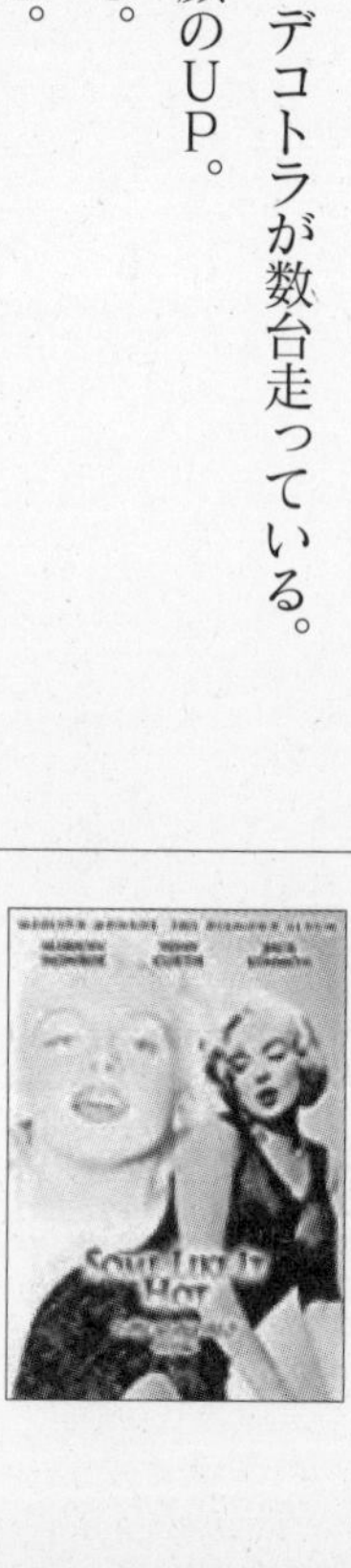

マーティン・ミルナー 映画『OK牧場の決斗』『ダイヤルMを廻せ！』『初恋』などを経てテレビドラマ『ルート66』の主演に抜擢されて一躍有名になった俳優。

トラックが走り去ると街中がパッパッパッパッと明るくなる。


これではインパクトがないから何か欲しいと言うのが東映からの意見だった。

我々は額を寄せ合ってホテルオークラの二間続きの和室で考えた。

「いっそ、ヘリから『音楽を止めなさい!?』とスピーカーで怒鳴りますか?」

「それだってインパクトにはならないよ」

「パトカーが追って来る。運転してるのは八代亜紀!?」

「面白いけど、それだけだろ」

「そこのトラック新曲をかけなさい!?」

「ははは」

アイディアが出ないままでいると、映画会社から修正原稿が届いた。

それを見て驚いた。


愛川欽也が運転するトラックのフロントガラスにティッシュが大量にぶつかる。

「ワッ!?　なんだ!?」と驚く愛川。

そのティッシュは前を走るトラックから捨てられたもので、フロントガラスにベッタリとくっつく。

「なんだ、バカヤロー!?」


『ルート66』

シボレー・コルベットに乗ってアメリカ中を旅する二人の若者を描いたテレビドラマ。日本でも昭和37年から放映され、主演のマーティン・ミルナーの日本語吹替を愛川欽也が担当した。


『トラック野郎』

菅原文太演じる桃次郎と愛川欽也演じるヤモメのジョナサンが巻き起こす下ネタコメディ。宇崎竜童が初めて映画に出演したのもこのシリーズ。盛岡から下北までを舞台にした第1作『御意見無用』はDVD（2500円前後）で入手可。

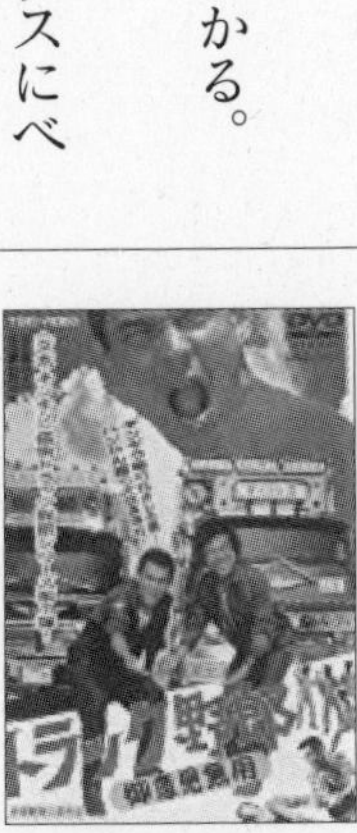

つまり、前のトラックの運転手がオナニーをして、その処理をしたティッシュが欽也さんが運転するトラックのフロントガラスにへばり付いたという設定だ。

「これは下品だから止めようよ」とワタシが言うと弟子たちも頷いた。

テレビと映画の差が如実に現れた瞬間だった。

視聴率という分刻みの実体のない数字の中で生きているのが放送作家だ。

映画は全国にある映画館に何人入ったかがすべて。感覚が違っている。

オナニーの残滓のティッシュはなるほどインパクトはあるけど、これで笑うか？がワタシの意見である。大体これは下品でセンスがない。汚い。

愛川欽也さんも怒った。

欽也さんが窓口になって東映と話し合うことになったけど中々結論が出ない。

撮影の準備は着々と進んでいる。

結論が出ないまま揉めていた。

「このままこんな状態が続くならオレは降りる。」と欽也さんが叫んだ。

今思えば大人と子供の揉めごとだったのかも知れない。

無料で見るテレビと、一人一人がお金を払って観る映画は違っていた。

いくら怒ったところで映画化決定という時点で莫大な金が動いているのである。

企画と主演の愛川欽也とその仲間の放送作家グループが降りると言えば、映画会社も困って、汚い、下品は考え直すだろう……というテレビの感覚はいともたやす

菅原文太
昭和8年生まれ。2014年没。代表作は数々あるけど、『太陽を盗んだ男』の刑事役が印象的だ。

鈴木則文監督
昭和8年生まれ。東映の助監督として内田吐夢監督などの下で修行した後、『続・てなもんや三度笠』で昭和38年に脚本家としてデビュー。その2年後に藤田まこと主演の『大阪ど根性物語どえらい奴』で監督デビュー。東映ポルノ路線を経て、千葉真一や真田広之主演のアクション映画、『ドカベン』の実写版、菊池桃子主演の『パンツの穴』などを監督する。2014年逝去。

大ヒットした
超低予算で製作したにもかかわらず配給収入8億円の大ヒットとなったため、すぐにシリーズ化が決定した。

くはじき飛ばされた。

鈴木則文※監督と脚本を書く前に会った時は優しくて温厚な人という印象しか残っていなかったけど、肝心なところが抜けていた。東映ポルノの監督でもあったのだ。しかも自身で脚本も山ほど書いている。上品でセンスあふれる……と勝手に思い込んでいた我々が吹き飛ばされて当然だった。

鈴木則文監督の座右の銘が『下品こそこの世の花』ということは何年も経ってから知った。

結局、我々はお役ごめんとなり、愛川欽也さんと『トラック野郎』は残った。

そして、大※ヒットした。

「しょうがないから一本だけやるよ。どうせこんな下品な映画なんて続かないはずだから○。」

と、真赤になって怒っていた欽也さんだけど、何日も寝ない状態が続いて、トイレの中で眠ってしまったり、まさかと思うけど正座したまま眠ってしまうほど疲れ切った我々の骨折り損には一言もなく、シ※リーズはその後も盛り上がった。

ワタシは弟子たちに詫びた。

「申し訳ない。だって相手は東映だもの……」

他人様のお金で一〇日間、ホテルオークラで暮らした経験だけが苦い思い出として残った。


シリーズはその後も盛り上がった。監督、主演など同じ顔ぶれで全10作が製作され、松竹の寅さんと同じく盆と正月の年2回、トラ寅対決で公開された。第2作『爆走一番星』は岡山～長崎、第3作『望郷一番星』は釧路～札幌という具合に日本中が舞台になっていることや第2作はあべ静江、第6作は夏目雅子という具合に毎回マドンナが登場するところは寅さんを意識した構成。シリーズ全作品がDVDで入手可。

こんなことがあっても憎めない魅力が愛川欽也さんにはあった。

ある日、これは面白いと思ったアイディアを欽也さんが話し始めた。

「渥美清の寅さんにもう一人の香具師が出るってのはどう？」

「もう一人って？」

「まだ思いつきなんだけどサ、寅さんが祭りでなんか売っていると、その向こうに似たような男が居て何か売っているの。結構人を集めてね。それがオレなんだけど、熊さんって言うの◯。」

「ヘッヘッへ、面白い◯。」

ワタシにはその映像が見えた。

「ものの始まりが一ならば、国の始まりは大和の国……と寅さんが流暢に口上を言う先の方でも、ちょっと洒落た男が口上を述べている。商品は時計だ。『ホワット・タイム・イズイット何時？　ねぇ、レディの皆さん、ジェントルマンのアナタ。よッ、お兄ちゃんは外人さん？　アーユーどこからカム、フロム？』みたいなさ」

「いいね、いいね」

二人で盛り上がった。

この妙な日本語ミックス英語は欽也さんがテレビ番組で外国人がゲストの時に使っていたオリジナルフレーズだ。

寅さんの行く先先に出現するライバル熊さん◯。

寅さんファンのワタシはいいアイディアだと感心したけど、愛川欽也さんが山田洋次監督と出会った時に熊さんの話をちらっとしたら、「乗り気じゃなさそうだった……」ということで、この話は流れてしまった。

でも、ワタシの頭の中にはずーっと寅さんと熊さんの競演シーンが残っていた。

どうだろう。天国でやってくれないだろうか？

それとも、天国では人気のニュース番組をやっているかしら？

欽也さんは晩年は政治問題に情熱を燃やしていて、自分で『パックインジャーナル』※という番組をやっていたけど、かつて久米宏さんが『ニュースステーション』を始めた時、「こういう番組をやりたかったんだよ……」と悔しそうにつぶやいたことを覚えている。

愛川欽也という男はとても芯の強い人で、テレビ司会者の中では苦労をしてきた量と質が違うから、実現していたらあるいは大きな番組を残していたかも知れない。

『11PM』が全盛の頃、大橋巨泉さんが「キンキン、番組へ来てくれないかね」とワタシに相談したことがある。

「どんなテーマでですか？」

「なに、来てくれるなら好きなことをやらせるよ💭」

その話を愛川欽也さんにしたところ、二ツ返事かと思いきや、乗り気じゃない。

「好きなことをやっていいって言ってるけど」

『パックインジャーナル』
１９９８年から毎週土曜日、ＣＳの朝日ニュースターで放送されたニュース番組。２０１２年3月で放送は終了したけど、愛川企画室のウェブ放送局ｋｉｎｋｉｎ．ｔｖで配信を開始。愛川欽也は２０１５年3月21日配信の回まで出演した。

「まァ、そうは言うけどさ、結局自分の好きなように持って行くんじゃない？　だって巨泉さんだよ」

当時はまだ芸能界では格の違いがあった。今ゲストに出たって相手のペースになるだけだ。上からものを言われる。自分にメリットはない、と計算したらしい。

テレビ朝日で『23時ショー』※という、強いて言うならニュースバラエティショーが始まった。『11ＰＭ』もどきの番組で、『11ＰＭ』の裏番組だったけど、その水曜日の司会を愛川欽也さんが担当していて、唯一人輝いていた。

他にもテレ朝の『ベスト30歌謡曲』※の司会もやり、全国的に認知度も上がったところで、やっと大橋巨泉さんと肩を並べて※『11ＰＭ』の司会を引き受けた。

これは先見の明というのだろうか。それとも信念というのだろうか。

欽也さんは人間の扱いにたけていた。

《欽也の四段活用》とワタシは呼んでいたけど、人との付き合いで相手を呼ぶ時、

①先生
②奥山さん
③奥ちゃん
④うちの奥山

という具合に、親しくなるにつれて呼び方が変化した。

①大橋巨泉さん

『23時ショー』
昭和46年4月から昭和54年9月まで『11ＰＭ』の裏番組として放送されていたＮＥＴ（のちにテレビ朝日）のアダルト向け深夜番組。愛川欽也は北山修とバトンタッチして昭和46年6月から昭和48年12月まで水曜担当で出演。パートナーは草笛光子。

『ベスト30歌謡曲』
昭和47年1月からＮＥＴ（のちにテレビ朝日）で夜8時頃から放送されていた音楽番組。愛川欽也は昭和47年1月から昭和48年9月まで番組の初代男性司会者として出演している。共演した女性司会者は五十嵐淳子と児島美ゆき。

大橋巨泉さんと肩を並べて『11ＰＭ』の司会を引き受けた
大橋巨泉が『11ＰＭ』の金曜の司会を始めたのは昭和41年4月（昭和43年2月から月曜も担当）。愛川欽也が『11ＰＭ』水

②巨泉さん
③センキョ
④例のなに

愛川欽也さんが花開いたTBSラジオの『パックインミュージック』には、『※カトリーヌコーナー』という自分がフランス人のマルチェロだと思い込んでいるコーナーがあって、かつての恋人カトリーヌから届いた手紙を読んで番組は終了した。

きっと、今でもカトリーヌからの手紙を受け取っては読んでいることだろう。

「マルチェロ様、今宵はどこの旅の空で手紙を受け取ってくださいましたか？

貴方が『今度はちょっと長い旅になるよ』って※優しく微笑んで出て行ってから二年半が経ちましたね。今夜は久しぶりに貴方が好きだったカレーを作りました。お揃いの金のスプーンも出しました。覚えていらっしゃいますか？『金のスプーンは生涯食べるものには困らないんだ』って、よく言ってましたよね。でも、それは赤ん坊の時に唇にチョンって当てるのが正解なんですって。

マルチェロ💭　貴方が『もうこっちへ来ていいよ』って言うまで待っています。

本当はもっともっといろんなことを書きたいけど、貴方はきっとそれは野暮だよっておっしゃるに違いないから、今日はこれで筆を置きます。

それではマルチェロ、オヤスミなさい。　幻のカトリーヌ」

曜の司会を担当したのは8年後の昭和49年1月から昭和61年3月まで。二人が肩を並べたのは昭和49年1月から昭和60年9月までの11年8カ月。

『カトリーヌコーナー』　このコーナーに寄せられた手紙は『カトリーヌより愛をこめて』（昭和51年5月発行／ルック社）という本にまとめられているけど現在入手困難。

優しく微笑んで出て行って　2015年4月15日、肺癌のため療養していた自宅で逝去。80歳。亡くなる直前の3月まで『出没！アド街ック天国』に出演していた。

『シャボン玉こんにちは』のロケでパリの空港に降りたった時の愛川欽也と奥山侊伸

永六輔さん　第一幕

永六輔※さんはいつも怒っていた。

そして、泣き虫だった。

「毎日仕事で家を出るでしょう。今日は裏口から出たので、じゃあいつもと違う道を歩いてみようってのも小さな旅だと思うわけね……」

ある日、永六輔さんがそんなことを言っていた。

なるほど、それも旅か。

バッグに下着や洗面道具を詰めて、忘れものがないか、戸締りは大丈夫か……と確認して、腹の中でヨシとつぶやいてから出かけるのが旅だと思っていたけどそれは大間違いなんだ。

永六輔さんと出会ったのはもう五〇年以上も昔のことだから、何処でどう会ったのかも忘れてしまったけど、駆け出しの放送作家だったワタシはすでに名の知れていた永六輔さんのことは結構前から知っていた。

ただし、短気で、怒りっぽくて、気難しい先輩だという評判を耳にしていたから少し距離を置いていた。

その頃の永さんは角刈りで（当時はスポーツ刈りというヘアースタイルがあったのかしら?）、白のカッターシャツを着て、ズボンに草履姿だったと思う。ビーチサンダルはまだなかったけど雪駄ではなかったな。一見してなんの職業か解らない

永六輔
昭和8年4月10日、元浅草の最尊寺に生まれる。早稲田大学在学中からNHKラジオの『日曜娯楽版』に台本を提供するトリロー工房に参加して、放送作家として活躍。作詞家としては昭和34年に作詞した『黒い花びら』と昭和38年に作詞した『こんにちは赤ちゃん』でレコード大賞を受賞。エッセイストとして著作も多いほか、タレント、ラジオパーソナリティとして晩年まで活躍されたものの、２０１６年7月7日、自宅で亡くなる（享年83）。

格好である。

当時のテレビ局は新しいジャンルの会社だったので、出入りする人たちも雑多だった。放送作家もその中の一人。永六輔さんも言ってみれば出入り業者の一人だ。放送作家という仕事は名前から推し量っても力仕事じゃないことは解る。ちょっと知的な響きがあるけど、その実態、特に服装はひどかった。

永さんの声はカン高くて、よく通る声というのだろうか。耳殻でワンクッション受けて……ではなく、鼓膜にダイレクトに届く声だった。

「じゃあ、あなたが責任持って会議に出てください○。ボクは帰りますから○。」

と、鼓膜に響いた永さんの声。あとで聞いたら、テレビ局の守衛さんに裏口から局に入るのを断られたので怒鳴っていたらしい。

五〇年前とはいえ、テレビ局は新進気鋭の企業で、建物もモダンで格好いいビルである。だから守衛さんというよりガードマンだ。

そのガードマンが、きっと若かったんだろう。永さんは口のきき方、言葉の選び方にとても厳しい人だったからネ。

日清食品がチキンラーメンを発売し、月光仮面が大ブームとなり、長嶋茂雄が四打席四三振でプロデビューした昭和三三年、日本で最初の音楽バラエティ番組が日本テレビで放送された。

『光子の窓』※というタイトルで、主役は今も活躍されている草笛光子※さんだ。

西洋風の洒落た白いアーチ型の扉がオープニングのテーマミュージックに合わせて左右に開くと草笛光子さんが歌っている。あとはあまり覚えていないけど、今までのテレビ番組とはちょっと違うぞ！と衝撃を受けたことはハッキリと覚えている。

その番組の台本を書いていたのが永六輔さんだ。ほかに、キノトール※、三木鮎郎※、そして、なんと大橋巨泉さんが作家として参加していた。

番組を企画して、プロデュースして、演出していたのはのちに『11PM』や『九ちゃん!』、『ゲバゲバ90分』を世に出した井原高忠※さんだ。

その頃、世の中は六〇年安保で盛り上がっていた。

で、ある日のこと、『光子の窓』の会議と安保のデモの時間が重なった。

永さんはデモに参加する決心をしていたので、会議を休むことにした。

「ボク、デモに行きます！」

と、正直に井原さんに告げると、井原さんも瞬間湯沸かし器だったから、湯沸かし器同士の衝突だ。こりゃ喧嘩にならないわけがない。

「デモと番組のどっちを取るんだ！」

「もちろんデモです！」

永六輔さんはそう即答した。だから『光子の窓』の台本は数本しか書いていないはずだ。


『光子の窓』

昭和33年5月から昭和35年12月まで、毎週日曜日の18時半から日本テレビなどで放送された日本初の音楽バラエティ番組。資生堂の一社提供で、正式なタイトルは『花椿ショウ・光子の窓』。

草笛光子
昭和8年10月22日生まれ。松竹歌劇団の5期生として入団後、映画『純潔革命』でスクリーンデビュー。24歳の時に『光子の窓』に抜擢されてお茶の間の人気者になる。

キノトール
大正11年5月30日生まれ。テアトル・エコーの劇作家、演出家として演劇活動を続ける一方、放送作家として『日曜娯楽版』や『11PM』、『フランキー講談』などを手がける。1999年11月29日、77歳で没する。

給料の保障や身分の保障が全くないフリーランスの身としてはなかなかできる行動ではない。潔いと言えば潔いけど、無謀と言えば無謀○。

台本と安保を秤にかけたら、そりゃ理屈を言えば、台本は次の機会にも書ける。テレビ局があるなら番組だって何かしらあるけど、安保はここで反対しておかないと将来に禍根を残すことになる。

永六輔さんの場合は自分の生き方として、プロデューサーと喧嘩をしてでもデモを取ったわけだ。

世の流れとして、デモをやったために何かを阻止できた……という話は聞いたことがないけど、心意気というものだろう。永さんを横から見ていて、ポリシーのある人だとつくづく感じたものだ。

誰だって大人になって社会に出るとそれなりのポリシーを持つ。《政策、政略、方針》というヤツだ。

放送作家に当てはめると、こうなるかな。《やりたい番組、スケジュール、ギャラ》。これがポリシーミックスとなると《財政、金融、為替》など複数の政策を組み合わせた経済政策になる。ということは放送作家のポリシーミックスは《やりたい番組、スケジュール、ギャラ、名誉、義理、損得》といったあたりか。これらを瞬間的に天秤に乗せて「やる」「やらない」を決めなくてはならない。

その点、永六輔さんは決断が早い。

三木鮎郎
大正13年6月26日生まれ。ジャズに精通した司会者、評論家、構成作家として『スター千一夜』や『日本レコード大賞』などを手がける。音楽家の三木鶏郎は実兄。

井原高忠
昭和4年6月6日生まれ。日本テレビのディレクターやプロデューサーを経て独立。とんねるずやザ・ピーナッツの名付け親。『光子の窓』はディレクターデビュー作品。

短気で、熱し易く冷めにくい。そして、ブレない💭

こんな簡単なことが大人の男には難しいのだ。

たとえば、『義理ある人』から『やりたくない番組』を頼まれたとしよう。『スケジュール』はＯＫ、やりたくないけどやればちょっとは『名が上がる（名誉）』し、『ギャラ』はとってもいい💭

悩むなァ。でもやっちゃうなァ。

永六輔さんならやらないだろうなァ……。

永さんは昔から怒っているように見えて、実際に怒っていた。

守衛さんやガードマンにも怒っていたけど、それ以上の熱量で国に対しても怒っていた。

四〇年前ほど前になろうか。日常生活で不自由なく使っていた長さと重さの単位がある日突然使えなくなった。

昭和四一年三月三一日、尺貫法廃止※が施行された。なんだ、突然💭である。

それまで日本人は背の高さや重さは尺で言っていた。

「背はどれくらい？」

「五尺三寸。もう少し欲しいなァ。せめてあと一寸……」

「体重は？」

尺貫法廃止が施行された

中国で発祥して東アジア一円で使われ、日本でも古来から使われてきた長さや重さの単位。計量法という法律の施行により、昭和34年1月1日以降（土地と建物については昭和41年4月1日以降）尺貫法の使用は禁止され、違反者には50万円以下の罰金が課せられることになった。この件に関する永六輔の活動は著書『クジラとカネ売ります～計量法現行犯は訴える』（講談社）にまとめられている。

※ちなみにこの本の帯には鯨尺の目盛りが付いていた💭

「一五貫ちょっと……」

「こっちの方もあと一貫目は欲しいな」

今書いてみるとなんだかピンとこないけど昔はこうだった。五尺三寸は一六三センチで、一五貫は五六キロのことだ。

深刻だったのは職人さんたちだ。

家を建てる時は尺で計って、セメントも貫で計っていたのを明日から使うな、使ったら五〇万円以下の罰金だという。そりゃ大騒ぎになる。『一升瓶』という言葉も使えなくなる。一リットルとか二リットルと言わないと罰金だ。畳二枚で『一坪』とも言えない。平米と表記しなくてはならなくなった。ジャイアント馬場の『一六文キック』も『一寸の虫にも五分の魂』も使ったら罰金刑だ。

これに永六輔さんが怒った。

日本の伝統ある建物は全部尺貫で計って造られている。

兎に角怒って、尺貫禁止法は廃止しようという運動を始めた。尺と貫を使って、罰金は払わないから捕まえてくれと叫んだ。旧式の定規を持って「ボクは使ってます！」と交番へ行った。ニュースにもなったから世間もワタシも興味津津。

「永さん、捕まったらどうするんですか？」

「刑務所へ入ります！」

腹が据わっている。

この動きは放送作家の範疇を超えている。結局、特例ということで国が折れた。

大体、日本という国が腹が据わっていないのだと思う。

何故尺貫を廃止するのか？

国際社会と肩を並べて世界の流れに合わせるためにはセンチメートルとキログラムだから、だそうだ。ところが、他国では今でもインチやマイル、ガロンを使っているのだから、寄り切って永六輔さんの勝ち〜○。

ひとりで国に怒って、しっかりと結果を出したのだ。


「どうして今の若い人はボクに話を聞きに来ないんだろう？」

ある日、永六輔さんは小さく怒っていた。

「ボクはそれなりの経験をしているし、年令を積み重ねてしっかり生きている。それなのに、どうして聞きに来ないの？」

永六輔さんの無数にある著作の中に、有名著名な人たちに会って聴いた言葉を集めて書いた本があって名言にあふれている。

永六輔さんは前代未聞というか、空前絶後というか、ラジオ番組で日本国憲法第九条の全文を三時間半かけて朗読した人だけに戦争に対する思いは学童疎開経験も含めて極めて強い。

ある舞台にゲストで出てもらった時、長野県に疎開した時の話をしていたら泣き

『橋のない川』

部落差別について取り組んだ住井すゑの小説。第一部は昭和34年から昭和35年にかけて雑誌『部落』に連載したものを昭和36年9月に新潮社から刊行。第二部から第七部は書き下ろしで新潮社から刊行される。現在も新潮文庫で発売中。

住井すゑ
明治35年1月7日生まれ。農村で自給自足の生活を送りながら人間平等や反戦、母性などをテーマにした作品や童話作品を書き続ける。1997年6月16日、95歳で逝去。

『人間（じんかん）宣言』

1995年4月に光文社から発売された住井すゑと永六輔

出して言葉が詰まって出てこなくなった。年を取ると涙もろくなるとよく言うけど、ワタシのイメージとしては永六輔さんはよく泣いていた。

戦争は嫌い💭。反対💭。と誰もが口にするけど、日本の歴史の原点まで勉強しているから永六輔さんは凄いのだ。

ワタシが一番凄いと思った本は小説『※橋のない川』を書いた※住井すゑさんとの対談風雑談をまとめた本だ。

永さんがきちんと正座をして、真摯に話を伺っている内容で、世の中には凄い人がいるなァと思って読んだ。あの永六輔さんが正座をして聴いているんだもの。

本の題名は『※人間《じんかん》宣言』。この本の中で《日本の歴史はほとんど嘘》と言い切っている。普通に生きていると大体解ることだけど、歴史を遡ると神話になってしまう。古事記や日本書紀などが《歴史》の記述だと思っているとしたらとんでもない。天皇家は万世一系と言われているがとんでもない。

初代天皇は神武天皇である。以来、今上天皇まで一二五代続いていることになっているけど、実際は一代でとっても長生きしている天皇が何人か居て辻褄を合わせているのである。

最大の問題は神武天皇の御陵は古事記や日本書紀に記載されているから、この地域に御陵がないとおかしい。じゃあ造ろうと慶応二年から建設が始まって、明治四年にやっと完成していることだ。

の共著。1995年2月に開催された永六輔の講演と二人の対談、1989年4月に開催された住井すゑの講演と二人の対談をまとめた本。

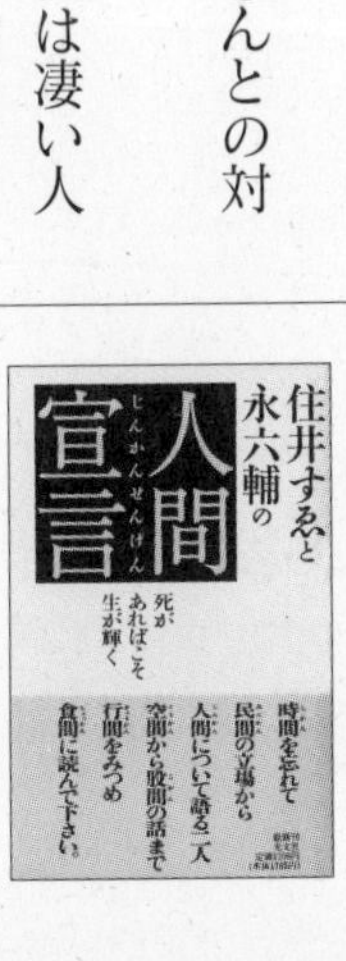

天皇家はその新しく造られた神武天皇陵にお詣りしていることになる。

「おかしいでしょう?」

「確かに……」

「あのね、歴史って権力者が意図をもって作り上げたものなの。人の為せるわざ。人が為すと書いて偽りね。偽りと読むんです」

初版が一九九五年ということは二〇年ちょっと前の本であるが、何故話題にならなかったのか、何故問題にならなかったのかが不思議なぐらい過激な内容である。

永六輔さんは沢山の本を出しているけど、一番売れたのが※『大往生』という本で爆発的に売れたのですぐに続編『二度目の大往生』※が出ている。

どちらも、どこかの誰かが言った名言を沢山載せている内容だ。

中には有名な人の名言も載っている。名言と言うよりも普通に言った言葉を書きとめて、永さんの感性で集めている。これが面白い……。時にはドキッとするし、感銘もする。

たとえば国民的大歌手、三波春夫の言葉も紹介している。

「お客様は神様です」と舞台挨拶の決まり文句を流行らせた人だが、ある日、「永さん、わたしの神様たちはほとんど仏様になってしまいました」。

しんみり笑えるなァ。

精神科医で作家のなだいなだ※の名言も紹介されている。

一番売れたのが『大往生』
『大往生』は1994年3月に岩波新書として発売されると200万部を超える大ベストセラーとなった。重版を重ねて現在も発売中。

『二度目の大往生』

『大往生』の翌年、1995年10月に同じ岩波新書から発売されるものの部数は伸びなかった。

なだいなだ
昭和4年6月8日生まれ。精神科医。医局の2年先輩の北杜夫の影響もあり、作家活動を始める。2003年に『老人党宣言』を刊行したのをきっかけに立川談志や上田哲らとバーチャル政党『老人党』を旗揚げする。2013年6月6日、83歳で没する。

「名医と言うのは治さず死なさず」

哲学だな、この言葉。

「かみさんがいいと男は駄目になるけど、妾がいいと男は出世する〇。」

なるほど。

「子供叱るな来た道だもの。年寄り笑うな行く道だもの。どの道あの道今日の道、通り直しのできぬ道」

どこかの誰かが昔言ったんだろうねぇ。こんな名言で溢れている。

永さんは自著について「全部他人の言った言葉ばかりで自分のオリジナルはありません。世間の皆さんの言ったことを集めただけなんです」と言うけれど、その集め方と取捨選択の感情の素晴しさが一冊一冊で輝いている。

兎に角、古い事柄を良く知っているし、古い事柄を勉強している。

永さんの本を久しぶりに読んでみて、つくづく思った。人間が二本足で立ってから、歩いて、食べて、出して、SEXして、何十万年も生きてきたけど、いったいどれだけ進歩したのだろうか?と。

人間は一人では生きられないけど、二人になると必ず揉める生き物である。

多分これからもずっと戦争は止められない。

悲惨な結果が解っているのに止められない。

政治家もマスコミも古い事柄を勉強しないからだ。

永六輔さんは怒ってばかりの人ではない。

旅の達人という一面もある。

その出で立ちは小さなカバン一つだけ※。一泊だろうが三泊だろうが……である。

旅先で旅館やホテルに着くと、先ず下着の洗濯をする。夏はともかく冬はひと晩で乾くものだろうか?

「乾くヨ。パンツを力いっぱい絞るの。これでもかって絞っては広げて、バスタオルに包むわけね。それで上から下からパンパン叩くの。で、広げてバスタオルのまだ濡れてない所へパンツを移動して包むのね。それを床に置いて、ベッドの上からそのバスタオル目がけて飛び降りる。何度かやるともうほとんど乾いている。時々ホテルの下の部屋から苦情がくるけど……」

旅先で洗濯をするから永さんの旅の荷物は小さい。

ところで、永さんの艶っぽい話は全く耳にしない。

流石に「女性関係はどうなんですか?」とは訊けないので、「酒は飲まないのですか?」と訊いてみた。

「飲まないの」

煙草は?

「吸わない。」

身体によくないから煙草を吸わないとか、酒を飲む時間が無駄だとかを一切言わ

※小さなカバン一つだけ
昭和53年6月に日本交通公社から刊行された『旅行鞄はひとつ』の冒頭にも「旅行鞄はひとつ。それが隣の町でも、世界の果てでも、旅行鞄はひとつ。しかもできるだけ小さく、軽く」と書かれている。

ないのが嬉しい。

ただ、少し変態だと思う。

旅の夜は一枚しかないパンツを洗濯するから下半身はスッポンポンだ。

「ふとテレビをつけて、大好きな女優さんが出てたら、すぐテレビの画面の前へ行ってね、股間を画面に近づけるの💭。 ギャハハハー……。奥山くんはやらない?」

やりませんよ、そんなこと💭。

「でね、その女優さんの顔がアップになったら、もっと近くへ行くの。そしたら陰毛がウワーっと画面の方へなびくの。ギャハハハー」

と、あの独特のカン高い声で笑った。

永さん、それって立派な変態でしょう💭。

「奥山くん💭。 人ってみんな変態なんだよ」

確かに……💭。

これが永六輔さんの一番の名言かもしれない。

土曜ワイドラジオTOKYO

永六輔その新世界

毎週土曜日午前8時30分～午後1時

画：野坂昭如

六輔話の特集
＊
ラッキィ池田の
TOKYO粗雑な疑問
＊
野坂昭如さんからの手紙
＊
はぶ三太郎の
明解三ちゃん
＊
音のペダル
＊
ニュース悪理好み
＊
乙女の笑顔で
おじゃまします

他

野坂昭如さんが描いた永六輔さんのイラスト♀

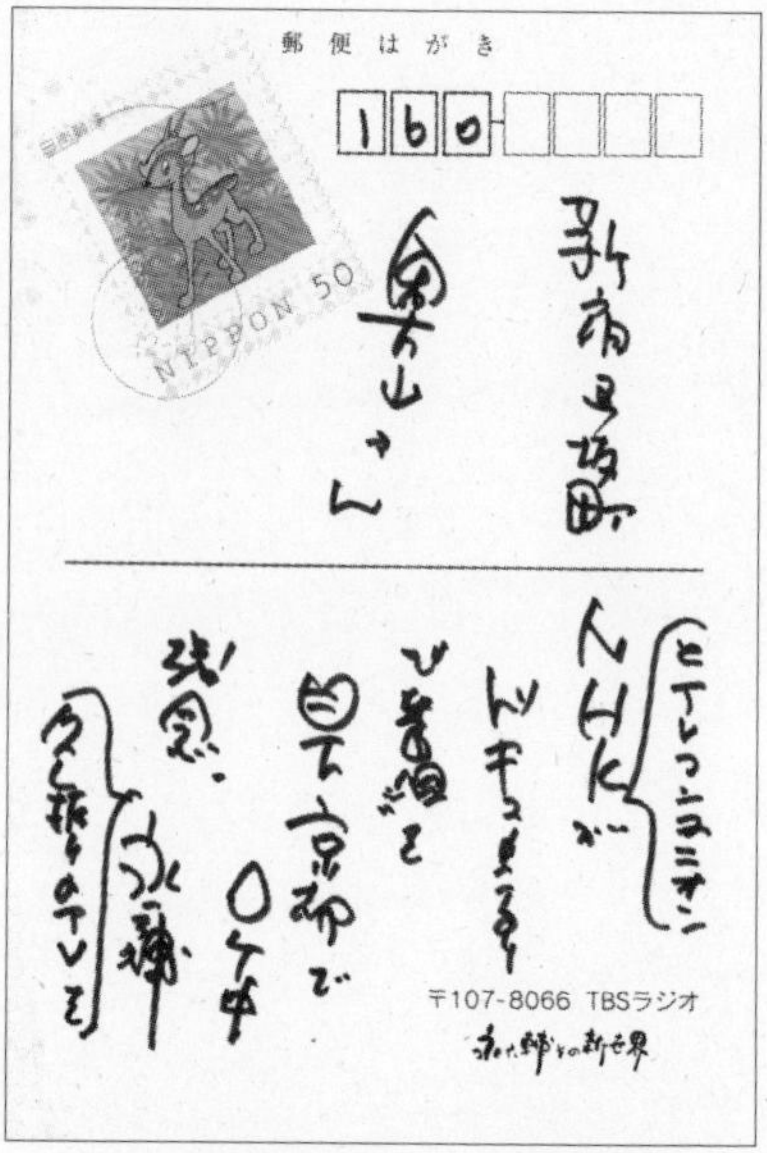

永六輔さんは日本中から葉書を送ってくれた

九月も半ばというのにまだまだ暑い日が続いております。

八月三十日の「六輔 永のお別れ会」にはお忙しいなかご参会いただき、本当にありがとうございました。

返礼品には父らしいものをお持ちいただこうと、藍染めのタペストリーを用意いたしましたが、仕上げに手間のかかる品物で、当日準備した数量にも限りがありました。現在製作中のものも時間がかかっております。返礼品をお持ちいただけなかったみなさまには、長らくお待たせしてしまい申し訳ありません。

気温の上下が激しいおり、みなさまには体調崩されませんように。

永 千絵
永 麻理
オフィス六丁目

素敵な藍染めのタペストリーをいただきました

日本がおかしい、日本の歌もおかしい。

今、何を守り、何を変えるべきかを、三波春夫さんと語りました。

歌い続けて六十年と、三十年振りに作詞をする気になった僕。久米さんと三人で始めます。

永さんの話は広くて楽しい。

「平家物語」を仕上げた後の私に、おもしろい企画をと、筆を起こしてくれました。

久米大作さんのメロディーが永さんの詩をきっと躍らせます。どうぞご期待を。

三波春夫さんと永六輔さんの二人のサインが入っている貴重な葉書

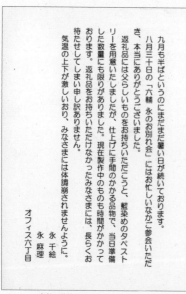

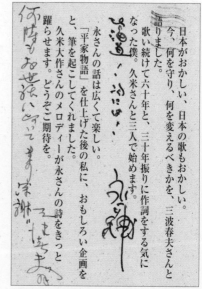

永六輔さん　第二幕

永六輔さんの顔は面長だ。アゴに特徴がある。

特徴でもあるが弱点でもある。普通の人はめったにないけど、永さんは時々ひょんなことでアゴがハズれてしまうのだ。

深夜自宅の書斎で仕事をしている時、大きなアクビをした。

「あァ〜アとやった時、カクンと音がしたのね。あッと思った時にはアゴがハズレてたの」

そういうことがたまにあるから、ちゃんと掛かり付けの病院があるらしい。

「電話をかけたのネ。でも、カチャッと出てからが大変。あ〜、☆◎◇デ、アヘ☆◎×!!」

アゴがハズレているから言葉にならないのだ。

病院はふざけていると思って電話を切ってしまう。そりゃそうだ。

じゃあ、直接病院へ行こうと、外へ出てタクシーを止めて乗り込んだ。すると、運転手さんが「どちらまで?」と訊く。

「あ〜〜〜、あ〜〜〜〜、しか言えないの。お客さんふざけないでくださいって言われても、決してふざけているわけじゃないし……」

結局、紙とペンを借りて、なんとか病院にたどり着いたってことだけど、永さんはいいなァ。自分の身体でギャグを持っている。

永六輔さん、後年はパ※ーキンソン病になって大変だったけど、まだ病気が解らなかった頃、羽田空港でスレ違った。

珍しく俯いて歩いていた永さんを見つけて、

「永さん、永さん、落ちてますよ❕」

と言ったら、永さんは慌てて足元をキョロキョロ……。

「違いますヨ❕　肩が落ちてますヨ❕」

「ギャハハ」

すぐ別れて、ワタシは旭川※へ行って、一泊で帰って来たら、翌日、永六輔さんから葉書が届いた。

「羽田ではうっかりしていた。歯の治療中でした……」

それだけの文が書いてあった。

元気のない姿を見られたのが恥ずかしかったのかも。いつも元気な永さんだから、口惜しさが滲み出ている文章だった。

その後も、「総入れ歯にしたの。もっと早くすれば良かった。痛くないし、なんでも食べられるし、総入れ歯悪くないよ」と楽しく語っていたけど、少し経って滑舌が少し変だな?と思っていたら、自宅でズボンを履く時に転んで骨折した、と聞いた。

そして、まもなくパーキンソン病だという発表があった。

パーキンソン病
アルツハイマー病と並んで頻度の高い進行性の神経変性疾患で、歩行時に前かがみになったり足が上がらなくなるのが特徴。日本では10万人当たり１００人～１５０人が発症していると言われていて難病に指定されている。

旭川へ行って、一泊で帰って来たら
ＦＭりべーる（１９９３年開局／可聴範囲は旭川市と近隣の約19万世帯42万人）で毎週日曜の12時から15時まで『コーシンのいっしょけんめい！』という番組を担当している関係で奥山侊伸は毎月2回、生まれ故郷の旭川に一泊二日で通っている。毎月、第2と第4日曜は東川町の道の駅『道草館』から公開生放送。奇数週は収録。この本を出すに当たってもＦＭりべーるには随分とお世話になっている。インターネットでも視聴可。

パーキンソン病になってからも長年の盟友である※松島トモ子さんの年二回の成城ホールでのリサイタルには必ず出演していたけど、ある時から車椅子で登場するようになった。
※ラジオ番組も続けていた。さすがに滑舌はかなり悪くて聞き取りづらい。それでも舞台での永六輔の喋りは健在だった。
松島トモ子さんを紹介するのに、

「それではご紹介します。凄い方です。※ライオンの餌、松島トモ子♡。」

芸歴六五年の大女優にライオンの餌と言えるのは永六輔さんだけだ。しかも、松島トモ子さんに車椅子を押してもらってる身で……。

松島トモ子さんは車椅子の障害者をパートナーとする車椅子ダンスの世界大会に入賞している腕前である。その松島トモ子さんと永六輔さんの車椅子ダンスは見事なものだった。永さんちょっとテレていた気がしたけど……。

車椅子が段々当り前になってきたということは病状が悪くなったということか？と思っていたら、自分の足で歩くべく永さんは真剣にリハビリに通っていた。

その病院が新宿にあった。

二〇一二年六月、ワタシの友人で兄貴《あに》さんの落語家、桂竹丸師匠が新宿の末廣亭に主任《トリ》で出演した時、「コーシンさん、末廣亭で落語やりませんか」と声をかけてくれた。

松島トモ子
昭和20年7月10日生まれ。実写版『サザエさん』のワカメ役など子役から女優として活躍。童謡歌手としても『三匹の子ぶた』などヒット曲多数。

ラジオ番組も続けていた
TBSラジオ系列の『永六輔の誰かとどこかで』のこと。遠藤泰子を相手に昭和42年1月から2013年9月までの実に45年と9カ月、合計1万2000回以上続いた長寿番組。毎週月曜から金曜までの9分間、桃屋の一社提供。録音だったため放送時間は放送局によって異なっていた。

ライオンの餌
昭和61年、テレビの撮影でケニアを取材した時、ナイロビの動物保護区でライオンに噛まれて全治10日の大怪我をしたと思ったら、その10日後に別の動物保護区でヒョウに襲われて大怪我をしたこと。

0時過ぎのシンデレラ
オオタスセリ
田中悠美子
永 六輔
ライブチャージ ¥1,500

「やるやる♡。」

引き受けると一〇日間毎日出演することになるんだけど、一日だけ出演できない日があった。そこは責任をもって誰か代理の人を立てたらOKということなので、せんだみつお※、永六輔さん、介護役で女芸人オオタスセリ（旧芸名ペコちゃん）に穴を埋めてもらった。

永六輔さんが末廣亭に♡。

ちょうど、永さんのリハビリの病院が末廣亭の近くということもあって、オオタスセリの仕切りで末廣亭の板の上に立ってくれた。

その頃の永さんは名前を変えて、《パーキンソン六輔》だった。ふざけているという声もあったけど「パーキンソン病のボクでも、こうやって活動しているんだ」という意思表示でもあったのだ。

その時の永六輔さんの噺が秀逸だったので再現します。

リハビリ前にTBSで仕事が終わって、小沢昭一※さんと一緒に玄関まで出てタクシーを拾う時、小沢さんが「永さんどうぞ」って言うから、「いえいえ小沢さんどうぞ」って言ったんです。小沢さんの方が先輩ですから。すると「何を言っているの、あんたは病人なんだから先に乗りなさい」って先輩が強く言うので乗ったわけね。そしたら、途中で事故に遭ったんです。そのタクシーが横転※したんです。

せんだみつお
昭和22年7月29日生まれ。専門学校に通っていた頃からムッシュ中野の芸名でビリーバンバン、井上陽水、吉田拓郎らのコンサートの司会を務めた。せんだみつおの名付け親はニッポン放送の上野修。『ぎんざNOW！』や『うわさのチャンネル』の司会でお茶の間の人気者になった。

小沢昭一
昭和4年4月6日生まれ。俳優、芸能研究家。昭和48年にTBSラジオ系列で放送開始した『小沢昭一的こころ』が長寿番組になる。野坂昭如、永六輔と結成した『中年御三家』で武道館でコンサートも開催。2012年12月10日、前立腺癌のため83歳で没する。

タクシーが横転
2010年11月17日の夜9時ごろ、永六輔が乗車したタクシーが急にUターンしようとすぐに救急車が来て、救急車の人がボクを車から出してくれて、「救急車に乗って」と言うから、「確かに頭は打ったけど、なんでもない。気も確かだから大丈夫です」って言ったの。そうしたら救急車の人がボクの手を握って、「名前は？」と訊くから、「永です」と答えたら「フルネームは？」って……。

永六輔って言ったら、「ン？　あッ、永六輔さんじゃないですか⁉」って大騒ぎ。

「だから、ボクはさっきから永ですって言ってます」って言ったのね。何度も「大丈夫です」って言ったんだけど、「タクシーが横転していますし、今は大丈夫と言ってもあとからどうなるか解りませんから乗ってください」って、結局救急車に乗せられて走ったんだけど、救急車に乗った方いますか？

あまりないですよね。

あのサイレンって乗ってると頭の上で鳴るから、凄く五月蝿《うるさ》いの。だから止めてくれって言ったら、「そんなことできません。救急車ですから」って言うのネ。で、途中でとても喉が乾いたから、どこかに自動販売機があったら止めて水を買いたいって言ったら、救急車はそんなことできませんって。

病人が言ってるのにですヨ。救急車ってすっごく不便です。

病院へ着いたら、医者がボクの顔を見て笑った……ように見えたのネ。

手を握って、また名前を訊くんです。あッ、手を握るのは神経が機能しているかどうかを調べるための基本なんですね。

した別のタクシーと衝突して、ニュースで大きく報じられた。

「大丈夫です。なんでもないから帰ります」って言ったら、それはわたしが決めますって……。そこは病院の先生が合ってますね。

そして気になっていたこと、タクシーの運転手さんは無事ですか？

お名前はなんという方ですか？って聞いたら、それはプライベートなことなのでお答えできません、って言うのネ。

永さん、あなたのこともプライベートですから一切外部には出ませんのでご安心くださいって……言っていたのに、翌日の新聞に、デカデカと『永六輔事故!!』って、なんですかプライバシーの保護って💭

驚いたことに、事故のあと、滑舌が好調になったんです。

ほら、昔はよくラジオやテレビの調子が悪くなった時、パンパンとかドンドンとか機械を叩いたら直ったって経験ありません？

あの時、ボク頭を前のシートにぶつけたんです。で、ハッキリした口調になったんです。電化製品と一緒ですネ。

で、今、リハビリに通っているんです。

皆さんご存知かも知れませんが、介護士の数が少なくて、外国の人が試験を受けて介護してくれるんですヨ。

ボクの担当は東南アジアの男性なんです。

その東南アジアの介護士の青年が、とっても真面目でいい人なんです。ボクの手

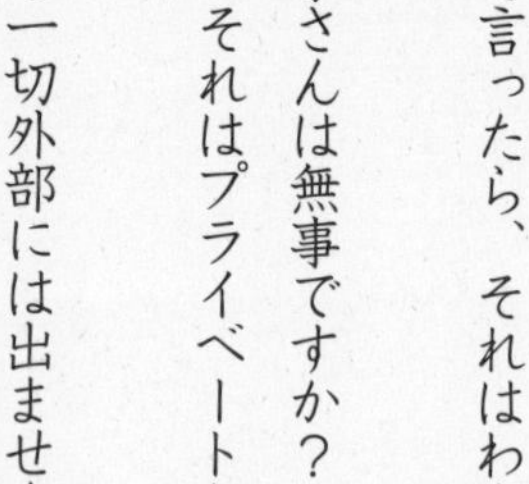

『上を向いて歩こう』

昭和36年10月に発売されると3カ月で30万枚を超える大ヒットとなるけど、8ビートのロカビリー調な歌い方は作詞をした永六輔をはじめ、歌謡界全体での評価は低く、日本レコード大賞にも選ばれなかった。ところが、翌年にはベルギー、フランス、オランダなどヨーロッパで大ヒット。イギリスでは『SUKIYAKI』としてヒットして全英チャート6位、ドイツでは2位、オーストラリアやカナダ、ノルウェーではチャートの1位に輝いている。アメリカで3週連続ビルボード1位にな

を取りながら、ハイ右足、左足……交互に……右、右は歩けません……そんなことは解ります……が、ボクは、はいと答えて素直にリハビリを続けました。

「永さん、また顔が下を向いてます。ちゃんと顔を上げて、右💭。左……、あ、そうです。日本にはいい歌があります。※『上を向いて歩こう』って、知ってますね。あの歌を唄いながらやりましょう」

「いいえ、そんな歌は知りません💭」

反射的にそう答えてしまいました。

「えーッ？　みなさん知ってますよ💭　いい歌です、是非覚えてください💭」

リハビリは二人っきりじゃないのね。廊下を歩きながらやるので、ほかの患者さんも沢山いるんです。そこでボクが『上を向いて歩こう』を唄いながらリハビリをやっていたら、永六輔がボケたかと思われる💭。

しばらくして、医師から、「永さん。介護士の青年に『上を向いて歩こう』の歌を知らないって言ったんですって？　彼はちょっぴりガッカリしてましたよ」と言われました。

悪いことをしたという気持ちになって、次のリハビリの時、彼に言いました。

「この間、『上を向いて歩こう』って歌は知らないって言ったけど、本当は知っています」

「……でしょう💭。有名な歌ですよ」


るのはその翌年の昭和38年のことである。

「実はあの歌、ボクが作ったんです」

「永さん、どうしてまた嘘つくか💭」


永六輔さんは今は天国にいるわけだから、その上はもうありません。

天国ではどこを向いて唄うのかしら?

そうか。天国ではもうリハビリをしなくてもいいのだから、どうぞ好きな方向を向いて唄ってください。

よくできた実話です。

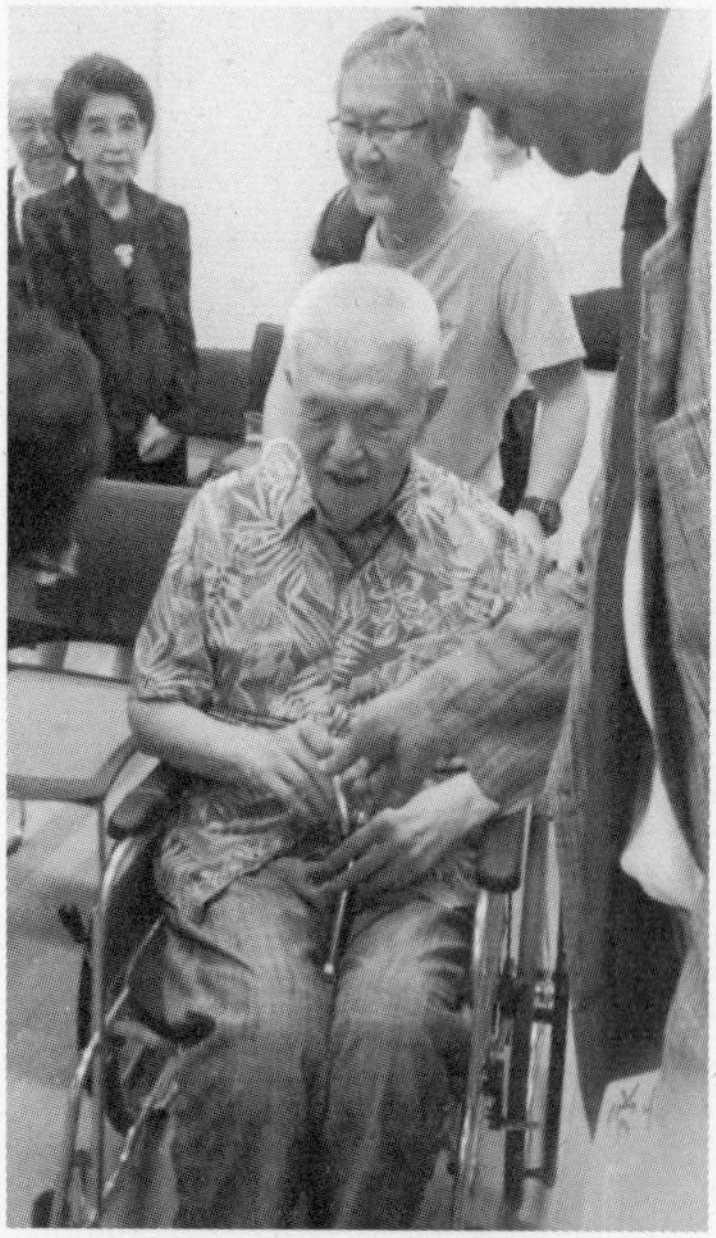

新宿　末廣亭

6月中席（11日～20日）昼夜入替なし

昼の部(12:00～16:30)		
	落語 交替出演	三遊亭小笑
		三笑亭夢吉
	奇術	八重子プラスワン
	講談	神田松之丞
	落語	三遊亭円馬
	コント	チャーリーカンパニー
13時	落語	桂南なん
	落語	三遊亭右紋
	俗曲	春風亭美由紀
	落語	三遊亭円遊
14時	落語	三遊亭円輔
	漫才	ひでや・やすこ
	落語	三笑亭笑三
	-お仲入り-	
15時	落語	三遊亭とん馬
	紙切り	林家今丸
	落語	三遊亭栄馬
	落語	三遊亭遊三
16時	太神楽	喜楽・喜乃
	主任	柳亭楽輔

夜の部(17:00～21:00)		
	落語 交替出演	桂夏丸
		春風亭ぺん橋
	物まね	江戸家まねき猫
	落語	桂枝太郎
	落語	桂米福
	俗曲	松乃家扇鶴
18時	落語	桂歌助
	講談	神田紫
	奇術	北見伸・スティファニー
	落語	三笑亭夢太朗
19時	落語	橘ノ円
	-お仲入り-	
	落語	立川侊志ん
	唄・コント	オオタスセリ
20時	落語	三遊亭遊雀
	落語	三遊亭笑遊
	曲ごま	やなぎ南玉
	主任	桂竹丸
※夜の部：初日・永六輔　特別出演		

四谷コタンで開催されたオオタスセリのライブにゲスト出演した時の永六輔と奥山侊伸

〈番外編〉筑紫哲也さん

ジャーナリストでニュースキャスターの筑紫哲也※さんは老若男女、幅広いファンを持っていた。

早稲田の政治経済学部を卒業して朝日新聞社に勤めていたので、テレビでニュースキャスターをやるのは自然と言えば自然の流れなんだけど、殊のほか、敵がいなかったように思う。

喋り方は知的で、滑舌そこそこ。性格も温厚で、ファッションもそれとなく平均を超えていた。言っていること、やっていることが兎に角格好よかった。

朝日新聞というお堅い肩書きがあったから、余計に《あれッ？》と目を引いたのかもしれない。ここ十数年で朝日のブランドは音を立てて崩れているけど、筑紫さんが活躍していた頃の朝日新聞は「この朝日の二文字が目に入らぬか💭」ぐらいの勢いがあった。泣く子も黙ったんじゃないかな。そんな威厳のある朝日新聞の中で、ちょっと異質な人が筑紫哲也さんだった。

背広もネズミ色ではなくてグレー系のツイードかな。ネクタイは地味のひとつ上で、派手のひとつ手前。バストショットＯＫ、ニーショットＯＫ、全身フルショットとなると体型が問われるところだけど、まさに実直というスタイルだったと思う。

映画『未知との遭遇』※や『スター・ウォーズ』※が公開されてＳＦブームに沸いていた昭和五三年、ワタシの立場から見ると、テレビの世界はそれまでの暗黙の約束事を吹き飛ばすような大きなウネリに巻き込まれていた。特に音楽の世界ではＴＢ

筑紫哲也
昭和10年6月23日生まれ。朝日新聞記者、朝日ジャーナル編集長を経て、ニュースキャスターに。朝日新聞退社後もジャーナリストとして執筆活動を続けていた。２００８年11月7日、肺癌のため逝去。

『未知との遭遇』
スティーブン・スピルバーグ脚本、監督によるＳＦ映画。『アメリカの夜』の監督のフランソワ・トリュフォーが重要な役柄で出演していたことも映画ファンには魅力だった。

『スター・ウォーズ』
ジョージ・ルーカス脚本、監督によるＳＦ映画。まだＣＧが映画に取り入れられていなかった時代、ルーカスはコンピュータ制御で同じ動きを繰り返すことができる撮影システムを開発して、多重撮影によって迫力あるミニチュア撮影に成功した画期的作品。

Sの『ザ・ベストテン』※という音楽番組が全く新しい試みを始めていた。

タイトル通り、ヒット曲のベストテンを紹介する番組である。そんな番組は過去にもいくらでもあったけど、『ザ・ベストテン』は一切の妥協や癒着、思惑を完全に排除した《本当のベストテンを放送する》というコンセプトでスタートした。

というのは、従来の音楽番組はプロダクションとレコード会社とテレビ局が話し合って、巷で売れている曲を売上、歌手の実績、有線のリクエスト回数やプロダクションとレコード会社の力関係などでベストテンのランキングを決めていたからだ。そんな暗黙の了解で日本のヒットチャートランキングは発表されていた。

「へぇー、あの曲って思ったより売れてるんだ……」

「あれ？　あの曲はもっと売れているんじゃないの？」

といった一般視聴者のイメージなんてどうでもよかった。

ところが、である。大手レコード会社に所属していない歌手の楽曲が売れてきたことで事情が変わってきた。ライブハウスで活動しているバンドが思わぬところから話題になり、大ヒットを飛ばすようになってきたのだ。そのウネリは従来はレコード会社とプロダクションが大枚を投じて歌手を売り出していたシステムを変えようとしていた。とは言え、売れる兆しが出たらすかさず自分のプロダクションやレコード会社の所属にしてしまう動きはまだあったけど……。

ワタシも企画から参加していた『ザ・ベストテン』はそのウネリを見逃さなかった。

※『ザ・ベストテン』
昭和53年1月にスタートしたTBSの音楽番組。司会は黒柳徹子と久米宏。最高視聴率41・9％を記録した国民的大人気番組。

歌手の実績も、利害関係も、力関係も、思惑も関係なく、純粋にレコードの売り上げ、有線放送のリクエストランキング、そして、一般視聴者からのハガキによるリクエストランキングを集計して、ランキングに反映させることにしたのである。

生放送だったので、テレビ局からオファーされても、先にスケジュールが入っている場合、歌手たちはテレビ出演を平気で断るようになった。こんなこと、テレビ局にとっては晴天の霹靂である。金を払ってでも出たい輩が掃いて捨てるほどいるというのに、ギャラがもらえて、自分の曲がさらにヒットするかもしれないオファーをあっさりと断るなんて今までになかったことだからだ。

このウネリはとてつもない大きな波になった。

だから、初期の『ザ・ベストテン』はベストテンに入っても出場しない歌手が続出した。松山千春、中島みゆき、さだまさしなどはなんと「本日はレコーディングのため出演できません」と司会の久米宏と黒柳徹子がコメントしていた。

と、音楽業界のウネリを長々と書いたが、その《テレビ出演を断るニューミュージックの連中》を雑誌でインタビューしていたのが筑紫哲也さんだった。

『若者たちの神々』※というタイトルで、《テレビなんてどうでもいいですよ》とあっさり言って退ける若者たちの話を筑紫哲也さんは真摯に受け止めていた。我々テレビの世界の人間から見たら《扱いにくい若者たち》が、筑紫哲也さんが相手なら出て来て話をするのだ。これを人間力というのかも知れない。

『若者たちの神々』
昭和59年から昭和60年にかけて、筑紫哲也が『朝日ジャーナル』の編集長時代に自らのインタビューで始めた人気コーナー。登場したのは坂本龍一や松任谷由実、井上陽水など。書籍化されている。

『影武者』
黒澤明監督の戦国時代劇。出演は仲代達矢、萩原健一、根津甚八など。外国版プロデューサーはフランシス・コッポラとジョージ・ルーカス。当初、主演だった勝新太郎はアップのカットがないことに不満を持って降板している。

『復活の日』
小松左京原作のSF超大作映画。主演は草刈正雄、監督は深作欣二、プロデューサーは角川春樹。『地獄の黙示録』を超えるヒット作となったけど、南極ロケなどで製作費が配給収入を上回ってしまった。

その頃のワタシはこの新しいウネリを『ザ・ベストテン』側から、うらやましく眺めていただけで、筑紫さんとは接点はなかった。

映画『影武者』※や『復活の日』※がヒットして、ジョン・レノン※が銃殺された昭和五五年、栗本慎一郎※が名付けた《新人類》の実態を筑紫さんが世間に広めた。

みうらじゅん、いとうせいこう、尾崎豊、清原和博、工藤公康、秋元康、石橋貴明、松田聖子、戸川純、ビートたけし、橋本治、糸井重里、タモリ、北方謙三、井上陽水。

こうして並べると《新人類》と呼ばれた人はかなり幅が広いけど、共通一次を経験した人でくくったそうだ。

この、ちょっとクセのある新人類と筑紫さんはフィーリングが合っていたので、すぐにオピニオン・リーダーになった。

ワタシと筑紫さんが初めて挨拶を交わしたのはワタシが立川談志の門下に入り、立川侊志んという名前をもらったあとのことだ。落語が大好きな筑紫さんは談志師匠の大ファンで、よく談志独演会に顔を出していた。

その独演会が終わった時、「あれッ？　時間……大丈夫ですか？」と思わず声をかけてしまったのが最初の会話だった。

何が大丈夫かというと、毎日のテレビ番組『NEWS23』※のことである。生放送でやっているのに、その時は一〇時一五分。生放送開始まで四五分しかなかった💭

ジョン・レノンが銃殺された
昭和55年12月8日、主夫をやめてソロ活動を再開し、『スターティングオーバー』や『ウーマン』、『イマジン』など次々に名曲を発表していたジョン・レノンをチャップマン（現在も服役中）が銃で殺害した事件。

栗本慎一郎が名付けた《新人類》
《新人類》は政治家になってしまった栗本慎一郎が現代評論家時代に作った造語。舛添要一同様、北海道知事に本気で意欲を示した時期もある。

『NEWS23』
『筑紫哲也NEWS23』として1989年10月にスタートしたTBSの平日深夜帯ニュース番組。筑紫哲也のレギュラー出演は2007年4月まで。その後、入院治療のため不定期出演となり、2008年3月に正式に降板している。

いくら半蔵門の国立演芸場小ホールから赤坂のＴＢＳまで近いとはいえ、ニュース番組の生放送直前である。

「ええ、大丈夫です。毎日のことですから〇。」

ちょっと凄いな、と思った。もっとも、事前にしっかり打ち合わせをしているとは思うけど。いろんな司会者を見てきたけど、大物〇。と感じた。

ワタシが感心していると、筑紫さんは、

「談志師匠と同じ世代に生きて、談志師匠の噺をこうして直に聴くことができるのは幸運ですねぇ」と言ってさわやかに笑った。そして、「じゃ〇。」と慌てて赤坂のスタジオへと向かって行った。

フットワークの良さが心地好かった。

それから何年か経ってワタシの仲間が経営している高樹町のバーで、カウンターに座布団を敷いて落語を演っていると、筑紫さんがひょいと顔を出して、ワタシの落語を聴いていった。談志師匠を愛する筑紫哲也さんが談志師匠の弟子のハジッコにいるワタシの落語を……。赤面の至りである。

「奥山さんってちゃんと古典をやるんですね。驚きました」

そんなお褒めの言葉をいただいたあと、番組で一緒に仕事をすることになった。『ＮＥＷＳ23』の番組内で当日扱うニュースをアニメーションにして放送するというかなり画期的な内容で、ワタシはその台本を書いた。

似顔絵が良く似ていた。イラストレーターの松村くんが放送作家になりたいと言ってきたので知り合ったのだが、彼の似顔絵は本当にセンスがよくて、今も朝日新聞に年六回の大相撲の番付表が出るが、その時の力士の似顔絵が彼の仕事である。そのよく似ている似顔絵の人物が『NEWS23』の画面の中でアニメーションとして動いた。

当時、長野県知事として注目を集めていた田中康夫がダムの上でタップダンスを踊ったりもした。ダムの上から逆様に落ちると「ダムはムダ」というスーパーが出る。その日のニュースをアニメにするのだから瞬発力のいる仕事だった。

しばらくして、また、国立演芸場の小ホールで筑紫さんと会った。

「筑紫さん、談志師匠の弟子になりませんか？」

そう、ワタシが声をかけると、

「いいえ、落語は聴いているだけがいいです」

と、断られた。しつこく何度か誘ってみたけど弟子にはならなかった。

どうして何度も弟子入りを誘うのかと訊かれたので、ワタシは正直に答えた。

「だって、落語は縦社会だから、入門日が一年はおろか一日、一分でも先に入った方が先輩=兄弟子になるので、ワタシのあとに弟子になった筑紫さんに向かって、ヨオ、筑紫💭。ちゃんとやってるか💭って言ってみたくって……」

「ハハハ💭。それも悪くない」と、器の大きなところを見せてくれた。

そんな筑紫さんの落語好きな部分がちらっと出ていたのが『異論！反論！オブジェクション』とか『多事争論』といった洒落たコーナータイトルだと思う。

ある日筑紫さんから電話がかかってきて、会いたいと言われた。

食事をしながら話をしたんだけど、その内容が変わっていた。

「その日のニュースについて、なにか洒落たキャッチフレーズをつけたい」

と言うのである。

「喋りでですか？」と、訊ねたら「そうです」と言う。

それからちょっとの間、当日電話で、こんなニュースをやるので何かキャッチフレーズを……と言われては一時間くらい必死で考えて伝える、という作業をやっていたが、やはり無理があり、いつの間にか自然消滅してしまった。

食事をしながら打ち合わせをした時に飲んでいたのはワインだった。

煙草は美味そうに格好いい吸い方をしていた。ハイライトとマルボロの赤。一日三箱と言っていたから結構な量である。ワタシも「セブンスターを一日五箱〇」と妙に自慢気に話した記憶がある。

「百害あって一利なしって言うけど、文化は悪徳が高い分深くなる。煙草は人類が発明した偉大な文化です」

と、ただ吸ってないんだなァ。きちんと名言になっているもの。

「煙草の代わりはありません。煙草を知らずに人生を終わる人はなんとものっぺらぼうで気の毒な気がします」

オッ。そこまで言いますか？

のちに肺癌であることを発表することになるのだが、その時は、

「癌の原因はストレスであって煙草はきっかけにすぎない○。」と言っていた。

うむ。確かにそう思う。

親しく会話をするようになって、筑紫さんの落語に対する知識見識の深さにも驚いたけど、タンゴの舞台にゲスト出演していたことにも驚かされた。

「タンゴは昔からやっていたのですか？」

「いえいえ、若い頃はモダンジャズ一辺倒で、マイルスとかコルトレーン※に熱中していました」

なのにタンゴも語ることができるのだ。

古いと思っていたタンゴが面白いと思えるようになったのはピアソラ※の出現からだと言う。

ウウム。守備範囲が広いぞ。どうやらできる男のアイテムの一ツに旺盛な好奇心というのがあるらしい。

筑紫さんはタンゴについて語るだけでなく、『ｔａｎｇｏ　ｍｏｄｅｒｎａ』という舞台に積極的に協力していた。

マイルスとかコルトレーン
トランペット奏者のマイルス・デイヴィスとサックスプレーヤーのジョン・コルトレーンのこと。共に１９２６年生まれの黒人で互いの演奏を評価していた。マイルスの『カインド・オブ・ブルー』にはコルトレーンも参加している。

ピアソラ
アルゼンチン出身のバンドネオン奏者、アストル・ピアソラのこと。少年時代を過ごしたニューヨークでの音楽経験から、タンゴにジャズやクラシックを融合させた独自の演奏スタイルで人気を博した。１９９２年に71歳で他界。

プログラムのタイトル文字を書いたり、この公演の中で、THE BOOMの宮沢和史の『島唄』をタンゴにアレンジして唄ったり、尾崎紀世彦の『また逢う日まで』もタンゴアレンジで唄ったりというアイディアも出している。

筑紫さんの経歴に早稲田時代、グリークラブに所属していたという記録がある。

筑紫さんが唄うイメージが全くないので、「へェー、そうなんだ」と思っていたら、これがとんでもない。あの誰もが知っている瀧廉太郎※と親戚だと聞いて驚いた。瀧廉太郎は大伯父に当たるのだそうだ。廉太郎の妹のトミが筑紫さんの祖母だから何代も遡っての血筋じゃなくて結構近いのだ。

「自分には音楽の才能がないので、瀧廉太郎の親戚ということに非常に戸惑っています」と言うのは本人の弁。

でも、早稲田のグリークラブに所属していたということは男性合唱団の一員として何か唄っていたのである。タンゴに限らず、ジャズ、ニューミュージックなど多くの音楽を愛していたのは音楽家の血が流れているからかもしれない。

音楽といえば、筑紫さんはジャズもこよなく愛していた。

中でも一番好きなジャズバンドはMJQだったと言うから、ちょっと驚きだ。

MJQは黒人のカルテットで、ジャズの室内楽と言われていた。ヴィブラフォン

※瀧廉太郎
明治12年8月24日生まれ。肺結核のため24歳で没するまで、『荒城の月』や『桃太郎』、『鳩ぽっぽ』、『雪やこんこ』、『お正月』など多くの国民的唱歌を作曲している。

の静かで知的な音といい、上品なサウンドを奏でた。ピアノのジョー・ルイスがクラシックをやっていたからかもしれない。

筑紫さんはＭＪＱが大好きで、青山のブルーノートに出演した時はいつも聴きに行っていた。

さらに、筑紫さんはＭＪＱのメンバーとも親しくしていたそうだ。

一番仲が良かったのはベースのパーシー・ヒースだ。個人的に食事をするほど親しくしていたというから、よほどＭＪＱが気に入っていたのだろう。

そんな筑紫さんの、ちょっと笑ってしまう話がある。

ある日、筑紫さんが悩んでいたらしい。

ワタシの弟子でプロデュース業を得意とするまあくまさこに打ち明けた話はエンガワのことで悩んでいるという内容だった。エンガワ。ヒラメのエンガワである。

日本人はエンガワが大好きだけど、アメリカでは食べずに捨てているので、エンガワを日本へ輸出するビジネスはどうだろうと、ＭＪＱのベーシストのパーシー・ヒースに持ちかけられたと言う。

あの名ベーシストのパーシー・ヒースが真面目に提案してきたので、筑紫さんも一緒になって悩んだのである。

世界一有名なベーシストと日本一有名なニュースアンカーマンがヒラメのエンガワで悩んでいたなんて、ちょっと笑ってしまった。

この話はもちろん実現しなかった。筑紫さんは商売には向いていない。

「少数派であること、批判されることを恐れずに、多様な意見や立場を登場させることで社会に自由な風紀を保つこと」

筑紫さんが残した名言だ。

少数派でいることを恐れない。

なかなかできないことである。

特にフリーランスの世界では勇気がいることだ。

ワタシもそんな勇気を持てるだろうか。

筑紫さんの精神は今も心ある人々に受け継がれていると信じたい。

立川談志さん　第一幕

「文化と文明の違いは何だ？」

「えッ？　文化と文明の違いですか？」

※立川談志師匠は凄いことをサラッと訊いてきた。

もちろんすぐには答えられない。本当はじっくり考えてもいい解答なんて浮かんでこない。笑点じゃないんだから。

「五重の塔ってのは、ありゃ文化か？」

「ハァ……だと思います」

「スカイツリーはどっちだ？」

「今は文明で、時間が経つと文化でしょうか？」

「ウム。文化と文明は時間の差ということか？」

その日は食事がメインで師匠と会ったので、話はあちこちへ飛んで行った。

談志師匠は食事がメインの時は全くアルコールを口にしない。本気で食べる気で来ているからだ。

目の前に出された中トロをジーッと見て、

「この寿司屋は高けぇな？」

この一言が嬉しい。ネタを見て寿司屋の格を読む。

「はい。ふざけてます」と、答えると、ウフフフ……と笑って、

「ふざけてるかァ～」と、嬉しそうに中トロを口に入れた。

立川談志
昭和11年1月2日生まれ。高校を中退して16歳で五代目柳屋小さんに入門。27歳で真打に昇進、五代目（一説では七代目）立川談志を襲名する。その3年後に自らの企画で始めた『笑点』の初代司会者となる。２００９年8月、咽頭癌と闘うため長期休養を発表。２０１１年10月27日、昏睡状態に陥り、意識を回復することなく同年11月21日、75歳で逝く。

三遊亭圓生
昭和の大名人の一人、六代目三遊亭圓生は明治33年9月3日生まれ。同時期に活躍した五代目古今亭志ん生の落語とは対照的な教科書的落語で多くの後進に影響を残すものの人望はそれほどなかった模様。昭和54年9月3日、79歳で没する。

三遊亭圓楽一門
長年に渡って『笑点』の司会

立川談志さんには師匠のほかに家元という呼び名もある。

昭和五八年、当時実施されていた真打昇進試験に談志門下の二名が不合格となったことに端を発して、談志師匠は所属していた落語協会を飛び出してしまった。

東京の芸人は漫才師も、落語家も、手品奇術も、紙切りも、落語協会か落語芸術協会に所属していないと寄席の小屋には出演できないという決まりがある。これはその五年前に真打大量昇進と古参理事の残留に反対した※三遊亭圓生が新団体を設立しようとした時に東京の四つの寄席の席亭が集まって決めたことなので、そう簡単には覆らない。

だから、喧嘩をして落語協会を出てしまうと、新宿の末廣亭にも、上野の鈴本にも、池袋演芸場にも、浅草演芸ホールにも出られない。

立川談志本人だけじゃない。当然、弟子たちも一門全員である。

結局、昭和五三年の分裂騒動で寄席に出られなくなった※三遊亭圓楽一門と、その五年後に飛び出した立川談志一門が人気、実力を兼ね備えていたにもかかわらず寄席に出られなくなった。

この出来事は東京の落語界全体を巻き込んでの激変だった。

詳しくは※吉川潮さんが書いた『戦後落語史』に詳細が記されているので、興味がある人はそちらを読んでいただきたい。

を務めた先代(五代目)三遊亭圓楽の一門。三遊亭圓生の総領弟子という立場だったため昭和53年の落語協会分裂騒動で圓生一門と共に新団体を設立するものの翌年、圓生が亡くなったのをきっかけに圓楽以外の圓生の弟子たちが落語協会に復帰したため、結果的に『圓楽一門会』だけが寄席から追放された。

吉川潮さんが書いた『戦後落語史』
半世紀近く東京の落語を見続けてきた演芸評論の第一人者による事実に基づいた落語史。2009年12月に新潮新書として発売されている。現在はオンライン古書店などで格安入手可。

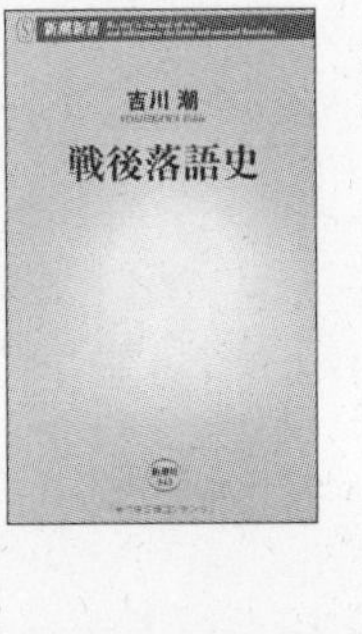

兎に角、立川談志という噺家は落語協会を離れた。

そして、「踊りの世界にもお茶お花の世界にも流派がある。落語界に流派があってもいいんじゃないか」と立川流を設立した。

もちろん落語界初のことである。

流派のトップは家元となる。つまり、談志師匠は立川流の家元となった。

従来の落語界ではありえない《家元制》をとったので、弟子たちは生徒ということになり、月謝を取ることにした。ついでに立川流にAコース、Bコース、Cコースと三ツのクラスを作った。

Aコースはプロの落語家を目指している弟子。だから普通に前座、二ツ目、真打と修行をしていく。普通じゃないのは、弟子入りを許されたら毎日師匠の家に通って師匠のお手伝いをすること。イヤ、そこまでだと落語の世界では普通のことだけど、立川流が他と違うのは師匠の身の回りの世話をしながら月謝を払わなくてはならないことだ。どんな大師匠に弟子入りしても金銭はかからず、無料で落語を教えてもらえるのが当たり前の世界なので、これは結構斬新だったと思う。

Aコースはそんな本気でプロの噺家を目指す人たちで、Bコースは他に職業を持ちながら、談志師匠のことが大好きで、落語も大好きという人たち。立川流に入ったら名前をもらえるし、お金をもらって落語をやることも可能ということで、えッ、そりゃマタなんとも……と入ったのが、放送作家の高田文夫※、景山民夫※、ビートた

高田文夫
昭和23年6月25日生まれ。放送作家。高座名は立川藤志楼。『笑芸人』の編集長を務めるなど演芸評論家としても一流。

景山民夫
1998年1月に50歳の若さで亡くなった景山民夫も元は『シャボン玉ホリデー』や『11PM』などを手がけた放送作家だ。高座名は立川八王子。

ビートたけし
昭和22年1月18日生まれ。立川流時代の高座名は立川錦之助。談志の死後、立川談春の人情噺に魅了されたことから談春の弟子となり、高座名は立川梅春(ばいしゅん)。

山口洋子
2014年9月に77歳で亡くなった山口洋子は女優から銀座のクラブのママを経て、小説家、作詞家と活躍した。高座名は立川談桜。

けし、※山口洋子、※山本晋也監督、※ミッキー・カーチス、※松尾貴史などなど。こちらも、もちろん月謝はかかる。

Cコースは談志師匠のコアなファンの素人。落語はやらないけど立川の名前はもらえる。

ワタシはBコースなので《立川侊志ん》という名前をもらって、二〇〇〇年九月一二日、国立演芸場で命名式を開催した。

これは伝統芸能の流れに杭を打ち込むような乱暴な出来事だった。

そもそも伝統の中で落語の存在が微妙な立場だった。

「このまま進んだら、おっつけ落語はダメになる」と、かなり悩んでいた時期だ。

「何が伝統だ、バカヤローッ！」

大きな流れを変えようとするには大きな信念が必要だ。世間の思惑、人様の顔色を窺って生きている人間にはできやしない。

そりゃ、抵抗も反撥も邪魔も横槍も闇討もあるかもしれないが、それもこれもすべて全身全霊で受け止めて進んでいくことになる。

都内の寄席から早い話、出禁になった立川流は落語をやる場所を開拓することになった。全国の公民館や市町村にあるホールなどはもちろんのこと、レストランや食堂、昼間の銭湯、蕎麦屋など、客が入ってちょっとした高座を作る場所があったらどこでも落語をやることにした。言ってみれば落語のディナーショーだ。

山本晋也監督
昭和14年6月16日生まれ。深夜番組『トゥナイト』の風俗店レポーターで有名になったけど、映画監督として『下落合焼とりムービー』など多くの映画を残している。高座名は立川談遊。

ミッキー・カーチス
昭和13年7月23日生まれ。両親ともにイギリス人とのハーフだけど東京生まれ。ロカビリー歌手として一世を風靡した後、俳優としてもいい味を出す。落語もプロ級で高座名はミッキー亭カーチス。

松尾貴史
昭和35年5月11日生まれ。学生時代、本気で噺家に入門しようとしたほどの落語好きで、談春、志らくとの三人会を演るほどの腕前。自ら演芸会の席亭も務めている。

弟子の立川談四楼※さんは下北沢の八幡神社参集殿で隔月落語会を開催している。志の輔※さんは毎年一月に渋谷のパルコ劇場で一カ月の落語会。チケットはすぐに完売する盛況ぶりにもかかわらず、志らく※、談春※、談笑※など名のある立川流の弟子たちは落語の本拠地である寄席では落語をやったことがないのである。

立川談志家元の立川流は成功した。でも、家元が死んだことで立川流の各コースは解散ということになった。

家元が居ない立川流はあり得ない。弟子たちには立川流の運営はできない。

正確には談志師匠も運営をやっていたとは言えない。立川流を創ったんだから月謝は取るけど、日時を決めて教えるわけではなかった。むしろ一切教えなかった。

オレの背中を見て覚えろ！　感じろ！　笑わせろ！　なのだから。

みんなが納めた月謝はどうなった？

ある日、談志師匠から手紙が届いた。

立川流の規定に沿って多くの弟子たちが完了の時期を迎えたので、今まで集めた月謝はどうしよう……といった主旨の手紙である。

ワタシは小さく笑ってしまった。

たまにご同業の噺家さんに会った時、「ワタシは立川流です」と挨拶をすると、「おやおやそうですか。月謝を払ってまでネェ……」と微妙な挨拶をされることが多々あったからだ。

立川談四楼
昭和26年6月30日生まれ。昭和45年、まだ落語協会に所属していた頃の談志に入門。前座名立川寸志。師と共に落語協会を脱会した翌年の昭和59年に真打に昇進している。現在、4番目の古株として落語立川流理事を務めている。

志の輔
『試してガッテン』司会の立川志の輔のこと。昭和29年2月15日生まれ。談志が落語協会を脱会する5カ月前の昭和58年1月に入門して師と共に脱会。1990年に真打昇進。落語立川流理事。

志らく
昭和38年8月16日生まれ。昭和60年に談志に入門。前座名立川志らくのまま1995年真打に昇進。弟子の多さは立川流随一。落語立川流理事。

家元制度にしてしまったので月謝は取ったものの、金儲けが目的ではなかったので、談志師匠は困っていたんだ。と、気が付いて小さく笑ってしまった次第。

ワタシはすぐに返事を書いた。

「どうぞ、家元のお好きにしてください〇。」

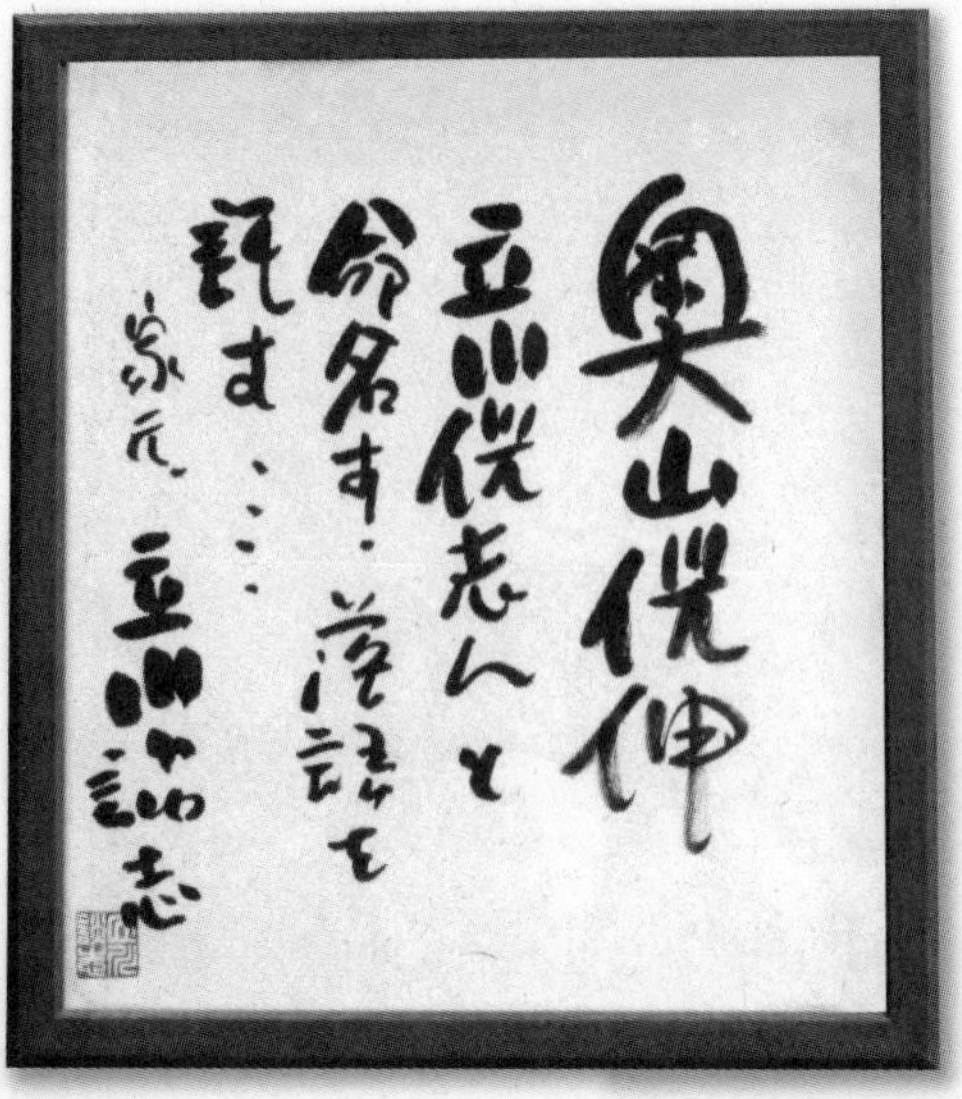

談春
『赤めだか』の立川談春のこと。昭和41年6月27日生まれ。志の輔が入門した翌年（志らくの1年半前）の昭和59年3月に入門。前座名の立川談春のまま１９９７年に真打昇進。

談笑
昭和40年9月23日生まれ。１９９３年2月に入門。前座名は立川談生。２００３年、六代目立川談笑に改名。２００５年真打に昇進する。

談志師匠との北海道旅行の一場面

立川談志師匠は多くの伝説を残した。

後々人に話すと「さすが談志師匠。それって伝説ですネ！」と驚かれることも、一緒に行動している時は普通の日常だったりするから不思議なものだ。

きっと、普通のハードルが高いのだと思う。

ある日、ワタシの携帯電話に留守電が残っていた。

「ウ～、この電話がコーシンの電話なら談志です。来週行ける！　ガチャッ！」

まァ……、よくあることだ。談志師匠は携帯を持っていないのでメモに残した番号を見て電話をかけてきたのだろう。問題はその中身である。

ある年の春、談志師匠がふと、

「北海道に行って、なんか旨いもの喰いたいなァ」とワタシに言ってきた。

「行きましょう！　予定を立てるので二日か三日、時間を作ってください！」

「まァ、そんなに忙しくはないから、なんとかなる！」

それが中々なんとかならない。

「家元、まだスケジュールが出ませんか？」

「ウン。すぐ出る！」

ところが中々出ない。カレンダーを見ると、来週末から世の中はゴールデンウィークに入るので、この連休が終わって落ち着いてからだろうな……と思っていたら、留守電に「来週行ける！」である。

ゴールデンウィークの直前に当たる来週は超危険。民族の大移動が始まってしまう。

問題は曜日だ。来週のいつなんだ?

大体悪い予感は当たるもので、連休直前だった。ダメじゃん。絶望じゃん。

ワタシは事務所の梅原と顔を見合わせた。梅原は四〇年以上ワタシの事務所を手伝ってくれているツワモノの女ボスだ。

「今からゴールデンウィークの宿を予約するなんて無理でしょう⁉」

「だって、談志師匠が『行ける⁉』って言うんだもン」

「言わせないの⁉」

なんて会話があって東奔西走。もっとも電話だけど……。

まずはワタシが番組を持っている旭川のFMりべーるに飛行機のチケットを頼んでもらった。もちろん、時期が時期なので安請け合いはしてくれない。

「ここはひとつ山ちゃんの力を見せて⁉」

力を貸して、ではない。力を見せて⁉なのだ。穏やかな上から目線だ。

無理を言われた山川局長が困っている様子が手に取るように解った。

次にホテルだ。具体的な場所が決まっていないのが救いである。

談志師匠は「北海道で旨いものを喰いたい」としか言っていない。北海道ならどこでもいい、旨いものならなんでもいいのである。

「とんでもないお願いをしていい?」

ワタシは女ボスに救いを求めた。

札幌の放送局の『日よういっぱい生ワイド』※という番組で文字通り日曜の朝九時から夕方五時まで生放送で喋っていた時、毎週土曜、日曜と宿泊していた札幌のホテルアルファで支配人をしていた置田健吾さんが登別温泉の老舗ホテルで支配人をしていたので、そんな太いような細いようなパイプを強引に引きずり出して、女ボス梅原に電話をかけさせた。

「なんとかするって♡。」

「よかった♡。」

「だけど、最悪、部屋がない時はわたしと奥山さんが一緒の部屋になるかも……」

そんなことはどうでもいい。談志師匠の部屋が取れたらすべてＯＫだ。

最近は観光地のホテルにもシングル仕様のゆったりとした客室が増えてきているけど、このホテルにはシングル仕様の部屋がなかったのである。

「その代わりお願いがあるって置田支配人が言うのョ」

「えッ？」

こんな強引な部屋調達だもの。多少のお願いは仕方がないか……。

「まさか、落語を一席ってんじゃないだろうね」

「そんなこと言わせないわョ」

そりゃそうだ。

※『日よういっぱい生ワイド』
正式名『奥山コーシンの日よういっぱい生ワイド』という奥山侊伸の冠番組。１９９０年10月から１９９９年4月までの8年半、毎週日曜日の朝8時から夕方5時まで生放送で届けたワイドラジオ番組。

「置田支配人が談志さんと一緒に食事がしたいって〇。」

「あらら」

「あららでしょう……」

その時、山川局長から「羽田－旭川のチケットが三枚、奇跡的に取れました〇。」と言う電話が入った。本来なら登別温泉は千歳空港からの方が近いけど、贅沢は言えない。取れたんだから。

当日、旭川から登別へはレンタカーで飛ばした。

助手席の談志師匠は自分で運転をしないから気付いていなかったようだけど、梅原は男まさりの運転で旭川空港から登別温泉までを猛スピードで走った。夕食の時間に間に合わせるために必死で走った。

置田支配人を交えての四人の食事会は登別までたどり着くための万感の思いと、心づくしのディナーで盛り上がった。

この小さな奇跡はホテルの支配人に知り合いがいる、ということが大きかったにしろ、ちょっとしたタイミングの良さにも救われた気がする。

タイミングと言えば、大きなタイミング、小さなタイミングとあるだろうけど、「えー……、これがコーシンの電話なら談志です。次の土日、北海道へ行ける〇。」

談志師匠は突然が好きだ。

しかも、今回はもうひとつのミッションが加わった。

「ウー……、雪が見たいねぇ」

「家元、いくら北海道でも、さすがに四月中旬は雪はないと思いますヨ」

「いやいや、無理にという訳じゃない。そうかァ、やっぱり雪はきついか!?」

「その代わりとびきりの旨いものを○。」

「いやいや、無理するな。北海道は何を食っても旨い○。」

今回はゴールデンウィーク直前じゃなかったので飛行機も旅館も普通に予約ができた。ＦＭりべーるの山川局長に訊いてみたら、大雪山の旭岳に行けば、ゴールデンウィークでも雪が残っていると教えてくれた。

というわけで、二回目の北海道旅行は標高一〇〇〇メートルの旭岳温泉にある泉質自慢の温泉宿にした。

旭川空港から旭岳温泉まで行く途中も道路脇に残雪があったので、「家元、雪です」とつい口から出てしまったけど、談志師匠が見たかったのはこんな雪じゃないことぐらいは解っている。

この時は途中でウエスタンと言うでかいスーパー……ワタシの友人がそのスーパーの偉い人だったので……に寄って、これはどうだ○。という上等の肉を買って旅館へ持ち込む、という珍しいことをやった。

談志師匠は温泉、特に露天風呂が気に入ったようで、ずいぶんと長風呂をしてから床に就いた。

翌朝——。

「オッ、雪だ💭」

「雪……💭　雪が降ってる💭」

気圧だか前線だか知らないが、タイミングが合ったのだろう。

ちゃんと雪が降ってくれた。

地元の人が「へー珍しいね、この時季に降るなんて」と驚いている中、浴衣姿のままで外へ出た談志師匠が一言、

「つめてぇ……」と嬉しそうに空を眺めた。

つまり、立川談志さんってそういう人。

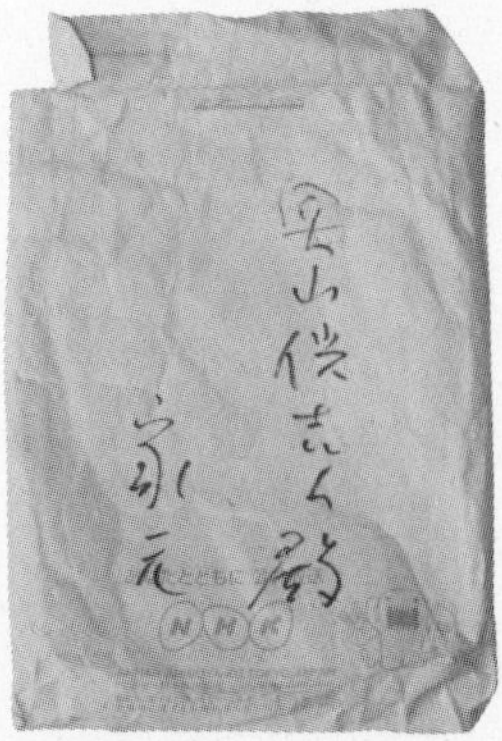

⬆お礼のつもりだったのだろうか。家元自らデザインした立川談志Tシャツを本人が届けに来てくれた時にTシャツを入れてきた紙袋です。

立川談志さん　第二幕

立川談志師匠は家を何軒か持っていた。

おかみさんと住んでいた家（マンション）。

その同じマンションの別の階に仕事部屋。

大久保駅の近くに仕事部屋（マンション）。

練馬の一軒家（現在は家元のＤＮＡを持つ立川しらくが改装して住んでいる）。

そして、銀座のハズレに新築のマンション。

仕事部屋の中でも一番古いのが大久保のマンションだった。

「たまに掃除しなきゃと思ってるんだが……汚いぞォー」

仕事部屋とは汚いのが当たり前だと思っているので、

「ワタシの仕事部屋もひどいです……」と言うと、

「イヤ……、オレには敵わないだろう」

「でもワタシの部屋も相当ひどいです」

「見に来るか？」

話の流れだから「ハイ」となる。

マンションの玄関でエレベーターを待っている間、「勝ったな」と思った。それくらい古いマンションだった。

いざ部屋の中に入ると、同行した梅原が「奥山の方が汚いです💬」と叫んだ。

何を言う。※ワタシの仕事部屋は確かに散らかっているけど、ここまで汚くない。

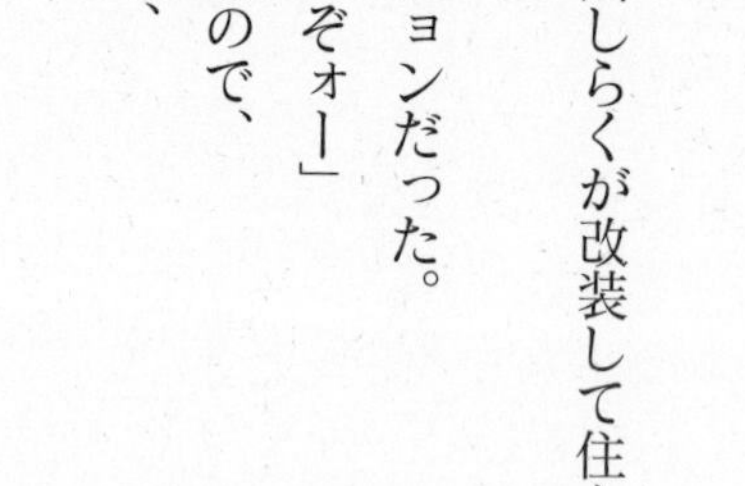

ワタシの仕事部屋は確かに散らかっているけど
編集のあざらしがお邪魔した時はこんな感じでした☺。

談志師匠の仕事部屋の台所のシンクには鍋や茶わん、丼、皿が洗わずに積み重なっていた。

「ゆんべな、どうもチャーハンを作ったらしいんだ」

「……ってことは？」

「記憶にはないけど、チャーハンを作った形跡はしっかりある。しかも、きれいに食べている。ま、それはいいとしよう」

本当はよくない。それでは記憶喪失だ。

「それより問題なのは火を使っていることだ。これはマズイだろ？　ヤバイだろ？　危ないだろ？」

自分でチャーハンを作って食べた記憶が全くない方が危ないけど……。

「薬をやめましょう。」

談志師匠はビールを飲みながらハルシオンという睡眠剤を飲むのが日課だ。飲むというより一粒ずつボリボリ噛んでいる。

「なんて言うか……、アレは睡眠導入剤だから、強くはないんだ。薬が効いてくるタイミングとビールがほど良く回ってくるタイミングとがシンクロするあのふわ～っとした感覚が好きだから飲んでいる」

ワタシは一粒飲むと翌日の夕方まで熟睡してしまうし、目が覚めてもしばらくはふわふわしているので、強い薬だと思うけど……。

ぎっしり詰まっているから何か一ツだけ探し出すのは至難の業だ。

結局、弟子に手伝わせて、冷蔵庫の中の物を全部出して、並べて、やっと目的のものを見つけたので、再び全部を冷蔵庫へ入れ直す。

すると、どうしても一ツ、大きなハムが入りきらずに残ってしまった。

「師匠○゜ どうしてもこれが一ツ入りません○゜」

「入ってたものを出して、一ツ減らして、一ツ残るってバカなことアない」

しばらく頑張ってみたけど、どうしても入らずに一ツ残った。

談志師匠はそのハムを手に持ってジーっと見つめると、

「ウム。お前にやる○゜」と言ったものだから、弟子は喜んで受け取る。

そりゃ師匠のところへ贈られてくるハムだもの、安い訳はない。

弟子は嬉しそうな顔でハムを眺めて、

「あッ、師匠○゜ 賞味期限が昭和になってます○゜」


ある日のこと。

「そうだ。お前にアノ魚やったか?」

「いえ、まだ頂いてません……」

「そうか」

大きな冷凍庫からカチンカチンと音がする魚の開きを出してくれた。

見ると、その冷凍庫の中には凍った魚が沢山入っていた。これだけの量をストックしておくと、確かに古い順から食べても中々減らないはずだ。

「家元、せっかくだから新鮮なうちに弟子に配ったりとかしませんか？」

「縁あってオレのところに来た品物だから、なるべく食べてやろうと思ってな。大体、味の解らねぇヤツにはやりたくないの◯。」

そうか。魚にしろ、肉にしろ、弟子にしろ、談志師匠のところに来るものはすべて縁があったから来ているんだ。

だから、「捨てない」「あげない」「腐らせない」を貫いた。それは解った。受け取った食品は絶対ムダにしないし粗末にしない。トコトン利用する。

あのコーンポタージュも美味しかった。

「でな……」

「はい」

「ミキサーにかけたコーンのカスだけど、ポタージュに使う時は一応布で漉すな。そのカスを捨てる時に何かできないかな?と思ったんだ」

「家元、そこまで絞り取ったら、なんにもできなくてもいいじゃないんですか？」

「ウー、まァ、そうも思うが、このカスに小麦粉をまぜて練ってみたんだ」

「ハ〜……？」

「チャパティよ◯。」

《あァ……》

「なッ?」

「ハイ○。」

チャパティは小麦粉を水でこねて薄くのばすだけ。無発酵のパンだから理に適っている。

「旨いよ。どれほどってことじゃないけどな」

凄いと思ったワタシは『立川談志の食べてみるか!?』という料理番組の企画書を書いたけど、実現はしなかった。発言の危険性、スケジュールの難しさが槍玉に上がった。もし決定していたとしても談志師匠をコントロールできるアシスタントが見つからなかったと思う。

「あァ、この電話がコーシンの電話なら談志です。北海道へ行けます。ガシャン」

今度の旅は仕事絡みだ。

札幌のSTVテレビに当時全国のテレビ局が見学に来るほどの名物番組があった。『どさんこワイド』という番組で、ワタシは月に一度、二〇分ほどのコーナーを任されていた。そこへ家元がご出陣となった。

「えッ、本当に談志師匠が出てくれるの? またまた……」

一九九九年一一月、立川談志出演。

その時、ＳＴＶのプロデューサーは逃げた。

だって怖いものなァと、表向きにはどうしても東京で外せない会議があると言うことにして逃げてしまった。

北海道の知床半島にある斜里町ウトロ※がキンキ※漁の最盛期ということで、ワタシと談志師匠は知床までレポートに行った。

番組はキンキ漁に出た船が港へ戻って来るシーンから始まる。港でキンキを揚げる。その日の漁獲量は三五〇匹。あまり自慢できる量ではないけど、キンキは高級魚だ。船を迎えたワタシと家元はその足で料理をしてくれる店へと歩いて向かった。

そこは立川談志師匠だもの、大ぶりのキンキが用意されていて、キンキづくしが豪華に並んでいた。

「ウムー……、キンキねぇー。ホウ……」

談志師匠にとっては初めて見る魚だ。初のキンキづくし。洋食や懐石料理のようなキンキのフルコースとはいかないので、やはりキンキづくしでいいと思う。

談志師匠は最初にキンキの酢のものを口に運んで、

「うん、なるほど」

次はキンキの刺身。醤油ではなくタラバ蟹の内子を乗せて食する。贅沢な組合わせだ。これでご飯を二杯は軽くいける。

斜里町ウトロ
北海道の知床半島は１５００メートル前後の標高の山が連なっているため、その連山で仕切られるようにして気候や風習が異なるふたつの地域に分かれている。知床峠をはさんで右下側、根室海峡に面した町が羅臼で、オホーツク海に面した左上側が斜里町ウトロ。ＪＲの知床斜里駅からは約40㎞。温泉街もあって巨大な温泉ホテルが林立している。

キンキ
カサゴ目メバル科の深海魚で本州での名称はキチジ。根室地方ではメンメ、函館ではキンキンと呼ばれているけど北海道全体ではキンキが一般的。脂が乗っていて口の中でとろけるのでテンションが上がる高級魚の代表。多様な調理方法に対応するし、骨も揚げると食べられる。

そして、キンキの寿司。横には特大の焼きキンキ。これだけでテーブルの上は溢れんばかりになっていた。キンキのバトルロイヤルだ。

キンキのお吸いものは上品な味だし、キンキのフライ……。何もフライにしなくても……と思って一口食べると、フライにしても旨いのである。

店の主人曰く、これだけは絶対に食べて欲しいと作ったのがキンキの雑炊だ。

「コーシン、このキンキ料理、すべてひっくるめての食レポをしてみろ。」

うっかりしていた。急に来るとは思ってもいなかった。

「はい、こんな旨いものは独り占めに限る。」

「ンッ……」

「キンキを食わずして魚を語るなかれ。」

「お前、作家なんだから、モットなんかねぇのか。気の利いたセリフ。飛行機が落ちるぐらい旨い。とか」

放送の前日に本当に飛行機事故があったので、放送時にはこのセリフにピーが入った。

という具合に、色々な想い出があるけど、落語の想い出はあまりない。本当はいっぱいあるけど、落語のことは他の人たちがいっぱい書いてるし、談志師匠の落語の話は天才が語っているので多くの人にはあまりピンとこないと思う。

たとえば、弟子たちには「笑わそうなんて思うな」が口癖だった。落語家が笑わせるな、である。これが談志師匠の教えだ。

その談志師匠がある日ぽつんとつぶやいたことがある。

「ウー……、この間な『鉄拐』※を演った時にな、頭の中に鉄拐が出てきて、こいつが勝手にどんどん喋っちまうんだ。オレの鉄拐よりどんどん先に喋っちまう。これは驚くね。オレの鉄拐と、勝手に喋る鉄拐とは内容的には乖離はないんだが、オレが口から出す前に頭の中の鉄拐が先に喋るんだ」

ってことは噺の中の主人公が現実の立川談志に憑依したということだろうか？　落語を演っていると、その主人公が落語家の口を通す前に頭の中でどんどん喋ってしまうってどういうこと？　もしかしたらこれがイリュージョン？

そういえば、ワタシにも、もしかしたら……という経験がある。

『シャボン玉ホリデー』という番組の谷啓さんのコントを考えていたら、頭の中の谷啓さんがドンドン動き出したので、その動きを追っかけて書いたことがある。

その時の原稿の字はかなり汚かった。

談志師匠は「ふーん、あるんだァ」とワタシの目を見た。

家元が近くに感じた一瞬だった。

毎回、キッチリ同じという落語家もいるけど、談志師匠の場合は細かいセリフがその都度変化していく。

「オレはアドリブだから疲れるんだ」と、時々口にした。

※『鉄拐』
上海を舞台にした珍しい噺で、サゲも李白と陶淵明を知らないと腑に落ちないため、談志、圓楽の死後、演る人があまりいない。鉄拐は分身の術を操る仙人の名前。

談志師匠の場合は昨日の与太郎と今日の与太郎では違うのだ。三年前の与太郎も、一〇年前の与太郎も違うのである。

だから談志師匠は高座から語りかけていた。

「今日の与太郎はこんな与太郎だったけど如何でしたか?」

そうお客様に問いかけていた。


しばらくして、また留守電が入っていた。

「え〜……、コーシンの電話なら談志です。え〜、今度、ア〜……」

プツンと切れた。

胸騒ぎがする。約束はしていない。約束はしていないが安心はできない。

この時期は蟹かなァ。

談志師匠の自宅に電話する前に、心の準備として事務所の梅原に電話をした。

「談志師匠から留守電があってね……」

「ワタシは死んだと思ってください。」

蟹の手配は自分でしないと駄目か、と思ったら、用件は浅草の行きつけの天ぷら屋でごちそうしたいと言うものだった。

一見普通の天ぷら屋さんだけど、小上がりのテーブルにメゴチが数十匹山積みになっていた。

つまり、談志師匠の天ぷらはメゴチだけでいいのである。
メゴチに始まり、メゴチに終わった。

最後に立川談志とはこんな人である、と、まとめたいと考えた末にワタシはこう思った。

立川談志は
『噺は名人
人間は天才
生き様は狂気』

アンジャッシュやピコ太郎などの若手に囲まれて上機嫌の談志師匠と奥山侊伸（談志師匠の縄張りだった銀座の『美弥』にて）

藤村俊二さん　第一幕

藤村俊二[※]さん。また一人原稿[※]を書いている時に逝ってしまった。

戦友たちが断りもなく次々に居なくなる。

年も年だし、どうもこのところ体調が思わしくないと聞いていたので、薄々覚悟はしていたけど、生きているのと死んでしまったのではそれこそ天と地の違いだ。

家へ行けばまた逢えるのと、家へ行ってももう二度と逢えないとの違いがある。

茶毘に付す前、最後のお別れでオヒョイさんに会った。

なんと言ったらいいのだろう。息子の亜実さんに案内され、オヒョイさんが安置されている部屋に入り、顔にかかっていた白い布を取った時、

「コリャまた面目《めんぼく》ない💭」

と笑いそうな顔をしていた。もちろん笑わない。死んでいるんだから。

イヤ、それとも、

「オ〜、お恥ずかしい💭」とか、

「お先に失礼💭」と言いたかったのかもしれない。

穏やかな顔をしていたので《苦しまなかったんだな》と思った。

せめて、それが良かった。

「オヒョイさん、二×二は」

「死💭」

なんて会話をオヒョイさんのナキガラとしてみた。

藤村俊二
昭和9年12月8日生まれ。25歳の時に日劇ダンシングチームの一員としてイギリスやフランスを巡り、帰国後、ダンサーを断念して振り付け師に転身。『ぶらり途中下車の旅』のナレーションとしても印象深い。

原稿を書いている時に逝ってしまった
2015年に小脳出血で倒れて『ぶらり途中下車の旅』のナレーションを降板。以後、リハビリに専念するものの、2017年1月25日の夜、心不全のため入院中の病院にて逝去。82歳だった。

オヒョイさんとはかれこれ五〇年の付き合いだ。

初めて会った時の印象は《なんとも力の入っていない人》だった。

芸能界で生きる人は身体や気持ちのどこかに力が入っているものだが、オヒョイさんは出会った時から居なくなるまで、何時でも何処でも常に飄々としていた。

「人生二番手〇。」

これがモットーだった。

オヒョイさんは胸の空気が抜けるという病気をしたことがある。

周りの誰も知らないうちにヒョイと入院して、ヒョイと出てきた。

そう、この人は居なくなる時も出てくる時もヒョイッと行動するのだ。

「肺の空気が抜けるのは本当は若い人がなる病気なんだって〇。」と、嬉しそうに言っていた。

退院した時、愛川欽也さんとワタシと三人で快気祝いの食事をした。

以下、オヒョイさんと愛川欽也さんの会話。

「いいなァ、オヒョイは。人生二番手、二番手と言って、やる気がないんだから」

「いや、やる気はあるョ。三番手はイヤだから」

「その点、オレは何をやってもムキになるんだよなァ……」

「それはそれでご立派。ただ疲れるんだよ。ムキになると」

「うん疲れるねぇ。だからオレ、人生ヘロヘロ💭」

「二番手でもヘロヘロ💭」

「オヒョイさんのヘロヘロは仕事以外のことに一所懸命だからでしょ」

「オーホホ、お恥ずかしい💭」

そうか。この二人はもう居ないのか。


ワタシは藤村俊二さんのことを《先天性手抜き症》と言ってきた。

兎に角モテる人だった。

モテる第一条件はマメなことである。手抜きではモテない。

恋には手を抜かない。仕事はそんなにマメじゃない。それが藤村俊二さんだ。

《あの役をやりたい》《このセリフを上手く言いたい》みたいな野心は全くないけど、指示されたこと、与えられた仕事はキチンと相手の要求以上にこなす。

《人生二番手》の面目躍如なところは、台本をもらって、ペラペラと自分の出番をチェックして、台本の流れを把握したら、

「オ〜ラッキー、セリフが少ない💭」

こんなことを言って喜ぶタレントはほかにはいない。

誰だって自分の出番は多い方が嬉しいものだ。台本を細かくチェックしては「あいつは沢山セリフがあっていいな」とか「主役と絡むシーンが多くていいな」と、

うらやましがるものだけど、オヒョイさんの場合は、

「オー、ラッキー○。 セリフが少ない、ギャラは同じ○。」と喜ぶのだから。

やっぱり力が入っていない。

出演者の名前が番組の終わりにクレジットされるけど、あの順番だってオヒョイさんはあまり気にする様子はなかった。

テレビドラマや映画の場合、セリフの量もさることながら、クレジットされる名前の順番はとても重要である。名前の順列に各プロダクションや事務所が鎬を削っているというのにオヒョイさんはその辺りを全く気にしていなかった。ちゃんと調整するスタッフが頑張ってくれているので、我関せずだった。

「オヒョイさん、名前、五番目に入れといたからね○。」

「ありがと○。」

「ダメだよ、ちゃんと事務所に言わないと」

「まァ、五番目でも死ぬ訳じゃないから」

どんな評価でもムキにならない。飄々としていた。

タイガースやブルー・コメッツ、ザ・テンプターズなどのグループサウンズが大ヒットしていた昭和四二年、フジテレビで洒落た格好いい番組が始まった。『ビートポップス』という音楽番組だ。

どこが格好いいかと言うと、スタジオにはセットがほとんどなくて、司会席とフロアーには巨大なジャングルジムのような鉄骨がドドーンと組まれているだけ。そこに若い女の子たちがアトランダムに立って、音楽が始まると全員、思い思いのステップを踏んで踊りだすのである。フロアーでは一般から募集した若者たちが最先端のファッションで踊っていた。

司会は大橋巨泉さん。アシスタントは『※ミュージック・ライフ』編集長の※星加ルミ子、※音楽評論家の木崎義二、あとになって※映画評論家の今野雄二、そして不思議なことに振り付け師として藤村俊二さんが参加していた。

オヒョイさんは日劇のNDT（日劇ダンシングチーム）で踊っていたことがあるので、番組の会議で林チーフディレクターが、「オヒョイさん、女の子たちの振り付けできない？」と、突然言ったのがきっかけだ。

「振り付けなんかやったことないョ」

「なんかチョコチョコチョコって新しいステップを作ってサ」

「チョコチョコなら大丈夫。慣れてる。板チョコ♡なんてね」

と、軽いノリで振り付けを担当したんだけど、オヒョイさんが考案した新しいステップは若い世代にも大受けだった。

画面に《振り付け師藤村俊二》とテロップが流れると、巨泉さんが、

「なに!?　オヒョイが振り付け師♡」と冷やかした。

『ミュージック・ライフ』
昭和12年に『ミュージックライン』として創刊して以来、1998年の休刊まで、戦時中の3年間をのぞいて約半世紀続いた音楽雑誌。洋楽のロックバンドを中心に取り上げたことで洋楽好きの若者たちから絶大な支持を得た。

星加ルミ子
昭和15年9月10日生まれ。昭和40年から昭和50年まで『ミュージック・ライフ』の編集長。昭和40年に日本人音楽評論家として初のビートルズ単独インタビューを成功させて以降、次々に大物アーティストと会見する。札幌市出身。

音楽評論家の木崎義二
音楽雑誌『POP－sicle』や『ティーンビート』の編集長を経て洋楽評論家に。昭和46年に『ビートルズその後』（共著）を出版。FMで音楽番組のパーソナリティも担当。

オヒョイさんはシャイなので、「オ〜、インチキ振り付け師💭」と返していた。

このあと、オヒョイさんは《インチキ振り付け師》と呼ばれ続けるんだけど、これは本人の発言が定着したものだったのだ。

『ビートポップス』はインターネットで検索してもほんの少し紹介されているだけで、しっかりとしたスレッドが立ち上がっていないので、自分で言うのもなんだけど、作家として企画から参加していたワタシの裏話は貴重だと思う。

オヒョイさんとワタシの親しい付き合いが始まったのもこの頃だった。

ジャングルジムのようなセットで踊る若いミニスカートの女の子のうち特に人気だったのが杉本エマ※と小山ルミ※の二人のハーフだ。思えば、ハーフタレントを使ったハシリの番組でもあった。

欧米のヒット曲をいち早く紹介するというコンセプトのもと、テレビなのに音だけを流していた。音だけだと間が持たないので、若い娘が踊るという画期的な番組だった。

それだけではない。今風に言うとミュージック・ビデオ・クリップ、PV（プロモーション・ビデオ）とか海外新着フィルムなども流していた。これまたハシリだった。

大橋巨泉さんの司会も受けていた。

曲の紹介がユニークというか、ふざけていたからだ。

映画評論家の今野雄二
『11PM』や『リブ・ヤング！』などで映画を紹介する一方、舘ひろしの『泣かないで』や石井明美の『CHA-CHA-CHA』の日本語訳詞を書くなど作詞家としても活躍。北海道の室蘭市出身。

杉本エマ
『11PM』の初代カバーガールとして抜擢され、『anan』などの雑誌のファッションモデルとして活躍。『コント55号の宇宙大作戦』や『ザ・スパイダースのバリ島珍道中』など映画出演も多数。

小山ルミ
『ビートポップス』に出演していた時はまだ中学生だった。16歳で映画『ケメ子の歌』のヒロインとして女優デビュー。以後、ドリフターズやコント55号などの映画に出演したり歌手としてもレコードを多数出す。札幌市出身。

「それでは今ヒット中、牛も知ってるカウシルズで『雨に消えた初恋♪』」

画面ではターンテーブルの上で回っているレコードに針が降りる。

「続いては、なんと日本の千葉県から出たヒット曲。木更津の伝説♪　おっと違った『キサナドゥーの伝説』♪」

と、巨泉さんが曲紹介をすると、ジャングルジムのようなセットで若い娘たちがオヒョイさん振り付けのステップで盛り上がった。

その頃、何度目かのブームで落語に光が射していて、現在の『笑点』のような『※お笑いタッグマッチ』という番組が大ヒットしていた。

出演は※夢楽、※小せん、※馬の助で、※司会は柳昇。『ビートポップス』にはちゃんと台本があって、書いていたのは田村隆とワタシ奥山侊伸の二人だ。この二人が、それこそ必死こいて毎週毎週駄洒落を考えていた。最先端の洋楽の番組に落語の要素も入れたかったのである。

当時の学生たちはオヒョイさんの洒落たステップで学校が終わると家に飛んで帰った(らしい)。その延長上に『8時だョ!全員集合』のオープニングでドリフターズが『北海盆唄』に合わせて踊っていたあの踊りがある。♪エンヤ~コラヤット……はインチキ振り付け師、藤村俊二さんの振り付けなのである。

『ビートポップス』の会議中、オヒョイさんとは無駄話の連続だった。

『お笑いタッグマッチ』
フジテレビが開局早々に始めたお笑い番組。昭和34年3月から昭和42年4月までの8年ちょっと、昼時に30分の生放送番組として放送された。

夢楽
2005年に80歳で亡くなった三笑亭夢楽のこと。立川談志や先代の三遊亭圓楽、古今亭志ん朝などがまだ若手だった頃に若手落語会を主宰して古典落語を教えるなど後進の育成にも熱心だった。

小せん
2006年に83歳で亡くなった四代目柳家小せんのこと。五代目柳家小さんの総領弟子として活躍し、番組ではボケ役で人気を博した。

馬の助
昭和51年に48歳の若さで亡くなった初代金原亭馬の助のこと。古今亭志ん生の門下で、

「これってなんだろう？」

オヒョイさんが新聞だったか雑誌だったかの記事を広げてワタシに見せた。そこには車のまま入ることができる大人のホテル……みたいな記事が書いてあった。そして、翌週の会議の時、オヒョイさんがニヤニヤしていた。

「ムヒヒ。奥ちゃん、やっぱり大人のホテルだった♀。かなりグンバツ♀」

仕事は手を抜くけど、そちらのフットワークはたいしたものだった。

かく言うワタシも慌てて行ってみたら、グンバツ♀。

東京から横浜へと行く新しい道路（第三京浜）ができた頃、その道が終わって、一般道に出てしばらく走ると、右側の丘の上に『モテル京浜』のネオンが輝いていた。日本初のモーテルだ。よく映画に出てくるアメリカのモーテルとは全く違う。

車に乗ったまま、すーっと入って行くと、ガレージが並んでいる。

空いているガレージに車を入れて、車の扉をあけると、建物の扉があって、階段があり、二階へ上ると色っぽい照明が点いていて、Wベッドがあって、当然風呂も付いている。今では珍しくないだろうけど、当時の若い男女はそりゃ盛り上がった。

色々あったりなかったりして部屋を出て、車に乗り、出口辺りに行くと会計所がある。スーッと引き出しが出てきて、中に請求書が入っているので料金を払うとゲートが開くようになっている。そのまま何くわぬ顔で道路へ出るのだ。入店から退出まで一切人に会わないのだから、これはやはり「ムヒヒ。グンバツ♀」である。


芝居噺を得意とした。現在の金原亭馬の助は初代の弟子に当たる二代目。

司会は柳昇
2003年に82歳で亡くなった5代目春風亭柳昇のこと。新作落語専門で、日本会議代表委員として軍国主義賛美の言論も盛んだった。

多分、最初に日本式モーテルに入った芸能人はオヒョイさんだと思う。本当はちょっと後ろめたいことを堂々と行動してしまうオヒョイさんに喝采を送った。

ちなみに第三京浜は車が凄いスピードで飛ばすのでパトカーは当時、日本車最速だったフェアレディZ※だった♀。

もうひとつちなみに、ある日の黄昏時に第三京浜を走っていたら、前に見憶えのある車が走っていた。その頃の日本には少なかったアウディである。

あれッ？　もしかしたらオヒョイさんの車かも？

追い抜き様にドライバーを見たら、もしかしなくてもオヒョイさんの車だった。

あれッ？　隣に女性が……。一瞬オヒョイさんもこちらに気が付いた。

ン？　アウディがグンとスピードを上げる。こちらもアクセルを踏む。似たようなスピードで並走する。するとオヒョイさん、こともあろうに鞄を窓に押しつけて顔を隠してしまった。

助手席の女性は多分、名のある女性だったのだろう。そのまま走り続けた。

危ないのでカーチェイスは終了。翌週のビートポップスの会議で「ねぇ、あれは誰？」と訊くと、

「オ〜ホホ。実になんとも……」

さすが口は堅い。女関係は墓場までがプレイボーイの絶対条件である。だから大体の見当はつくがワタシも書かない♀。

フェアレディZ
昭和44年に日産が発売した国産スポーツカー。2ℓ〜3ℓの直列6気筒エンジンで最高時速は200㎞／h以上出たので、たいていの車は逃げ切れなかった。

と、この原稿を書いている時、放送作家の浦沢義雄から電話があった。

浦沢くんはワタシの弟子ではないが、『ゲバゲバ90分』の頃、書き上がった原稿をテレビ局へ運んでくれていた若者だ。今は六〇歳の中頃だから若者ではない。

「オウ、お前、まだ書いてたのか？」

これはワタシの認識不足で、彼はアニメ界では知らない者はいない大御所で『忍たま乱太郎』『ルパン三世』など多くのテレビアニメの脚本を書いていた。

人を見る目のないワタシは浦沢くんに「お前は作家は無理。タレントになればなんとかなるかも知れない」と言っていた。

「お前、何か得意なことがあるのか？」

「いえ、ありません」

「なんにもなくてよく放送作家になりたいなんて言うなァ」

「強いて言えば……」

「うん、強いて言えばなんだ？」

「ものマネができます」

「ものマネ？　誰の？」

「ダスティン・ホフマンです」

「ダスティン・ホフマン？　似てるのか？」

「ハイ」

※放送作家の浦沢義雄
昭和26年1月21日生まれ。『カリキュラマシーン』など、バラエティ番組の放送作家を経てドラマ（主にテレビアニメ）脚本家に転身して現在も活躍中。

※ダスティン・ホフマン
ダスティ・ホフマンだと思っている人が多いけど、ダスティンが正解なんだね。30歳の時に主演した『卒業』で一躍スターに。『真夜中のカーボーイ』や『レインマン』、『クレイマー、クレイマー』、『トッツィー』などが代表作。

「やってみろ〇。」

「はい……です」

「どこが似てるんだ、バカ〇。」

その勇気に苦笑してしまったけど、全く似ていなかった。このピント外れが放送作家には向いてないと思ったのである。

それがどうだ。今や《忍たま御殿》を建てた大御所だ。

さて、本題。用賀駅で待ち合わせをして浦沢くんと会うと、一人のオバサンが一緒にいた。なんと、『ビートポップス』で踊っていたと言う。

「パキって呼ばれてました。オヒョイさんに名前を付けてもらいました」

残念ながら、今ではミニスカートの面影もなく、ついに思い出せなかった。『ビートポップス』を交代で書いていた田村隆に当時のことを訊ねてみると、田村くんもほとんど忘れていた。スタジオに居たアナウンサーの岡正を思い出したくらいだ。

岡正はまだ新人で、喋りも下手だったので、

「お前、ちゃんと試験受けたの？　誰かのコネ？」とからかったものだ。

「何言ってるんですか。ちゃんと試験受けましたョ〇。」

よく聞くと、面接の時に「何か特技は？」と言われたので「歌です」と答え、当時爆発的にヒットしていた※オーティス・レディングの『ドッグ・オブ・ベイ』を

オーティス・レディングの『ドッグ・オブ・ベイ』
自家用飛行機の事故で26歳の若さで亡くなったオーティス・レディングが死ぬ三日前に録音していたのが『ドッグ・オブ・ベイ』で、発売されるとビルボードでオーティス初の1位となった。オリジナルレコーディングのCDは現在も入手可。

唄って合格したそうだ。

あの頃のフジテレビは大胆だった。そして、その社風がＴＢＳやＮＴＶに遅れをとっていたフジがあの頃ガンガン伸びていた一因でもあると思う。だって四〇年前に一発芸でアナウンサーを入社させていたんだから。

ディレクターは林良三と斉藤敏。林は林春生の名で作詞も手がけていて、チェリッシュの『白いギター』や欧陽菲菲の『雨の御堂筋』などをヒットさせていた。そんな『ビートポップス』のスタジオの中でオヒョイさんは活き活きとステップを踏んでいた。

ある日、番組終わりにスタッフと遊びに行く時、ＡＤが一人遅れて来た。

珍しくオヒョイさんが声を荒げた。

「なにやってんだ！ 仕事ならともかく遊びで遅刻するヤツがいるか！」

仕事を一所懸命やって、間違って出世でもしたらみっともないだろう！と怒ったのである。

いかにもオヒョイさんらしいなぁと思った。

ＴＢＳの特番でスイスに雪像を作りに行った時の一枚<右後が太田裕美、右から二番目が藤村俊二、左が奥山侊伸>

藤村俊二さん　第二幕

オヒョイさんが居なくなったんだ。

ふーっとタメ息が漏れる。

走馬燈のように目の前をいろんなシーンが流れていく。

TBSの『シャボン玉こんにちは』※という番組で、スイスへ行って雪像を作ろうという企画があった。札幌雪祭りの雪像を作った経験のある人も数人交えて、スイスの田舎町、ウェンディンベルグへと向かった。

スイスでは芸能関係の仕事はユニオンが厳しくて、現地の人間を使わなくてはならなかったので、仕方なくフランス人のカメラマンと助手を雇った。

もちろん彼らは日本語なんて話せない。ところが、夜になると、フランス人カメラマンとオヒョイさんが二人でコソコソ額を寄せ合っているのである。

そこに居たのは我々スタッフと生島ヒロシ(当時TBSアナウンサー)、当時アイドル歌手だった太田裕美、岩崎良美。

ン？　誰かがワタシのヒザをつっついて、ちょっと見てみろとアゴで指す。

見ると、ンンンンン？

オヒョイさんがフランス人カメラマンの手を握っている？

確かにイケメンの若いカメラマンだったけど、まさかの展開にちょっと、いや、かなり驚いた。だって、オヒョイさんのホモ噂なんて聞いたことがないもの。

その場に居た全員が見て見ないフリをした。


『シャボン玉こんにちは』

昭和50年9月から昭和56年3月までTBS系列で放送された生放送のトークバラエティ。初代司会は愛川欽也とうつみ宮土理。ほかに湯原昌幸、松岡きっこ、山城新伍らが出演。


『うわさのチャンネル』

正式タイトルは『金曜10時！うわさのチャンネル!!』。昭和48年10月から昭和54年6月まで放送されたバラエティ番組。司会はせんだみつおと和田アキ子。ほかにザ・デストロイヤーやあのねのね、湯原昌幸、タモリなどが出演している。企画は阿久悠。


『仮面ライダーV3』

仮面ライダーシリーズの第2作として昭和48年2月から1年間放送された特撮ヒーロードラマ。主演は宮内洋。前作に続いて立花藤兵衛役の小林昭二も出演しているし、仮面ライダー1号、2号も登場し

ややしばらくして、オヒョイさんが我々のところへ戻ってきたので、

「何か問題でも?」と、ワタシが代表して神妙な顔で訊いた。

「彼の手相をみてあげたの⁉」

「え～ッ⁉　オヒョイさん、手相なんて見られるんだっけ?」

「イヤイヤ、インチキ⁉　雰囲気だけ⁉」

我々には手を握って微笑みあっているようにしか見えなかったんだけど……。

「それよりも、オヒョイさん、フランス語を話せるの?」

「イヤイヤ、インチキ、インチキ」

だから凄い人なんだ。手相はまァ見よう見まねのインチキでも見られるとして、それを伝えるフランス語はインチキでは済まない。だって、専門用語だって必要なんじゃないの?　生命線とか金銭運とか……。

謙遜上手というか、兎に角シャイだからなァと改めて好きになった。

その頃、というのは昭和四八年ごろ、テレビでは※『うわさのチャンネル』や※『仮面ライダーV3』、※『バビル2世』、※『侍ジャイアンツ』が始まり、ラジオでは『小沢昭一的こころ』や※『あのねのねのオールナイトニッポン』が始まった頃、※《小型農協団》と名付けて、大橋巨泉さん、藤村俊二さん、放送作家の河野洋、田村隆、奥山侊伸の五名でアメリカへ二〇日間ほどの旅行に出かけたことがある。

たことで前作のファンも逃さず、平均視聴率は関西で27％、最高視聴率はシリーズ最高、前人未踏の38％を記録している。6話ずつ収録されたDVDが２００７年に発売されて現在も入手可。

『バビル2世』
昭和48年1月から同年9月まで放送された横山光輝原作のテレビアニメ。水木一郎が歌うテーマソングもヒットして、今でも『爆笑問題カーボーイ』の『ＣＤ田中』のコーナーでちょくちょく使われている。

『侍ジャイアンツ』
昭和48年10月から昭和49年9月まで放送された梶原一騎原作のテレビアニメ。ハイジャンプ魔球やエビ投げハイジャンプ魔球、分身魔球などのムチャクチャな魔球が子供たちにうけた。声優は富山敬、井上真樹夫、納谷六朗など。

ニューヨーク、サンフランシスコ、ロスアンジェルス、ハワイと廻った。

ニューヨークへ着いた夜、何を食べるか話し合ったところ、すぐに和食で全員一致した。それもシャブシャブにしようということになった。

たしか巨泉さんの知り合いの紹介だったと思う。

「なんたって、飛行機の中のシメーは飽きたからサ。友だちに訊いたらニューヨークにできたてのシャブシャブ屋があるっていうから。ウ〜〜シでしょう〇。」

巨泉さんは世界中に友だちがいるのだ。

支払いはすべて割勘で、チップの分まで巨泉さんが細かく計算した。

「オ〜、さすが世界の巨泉〇。大きな身体で細かい支払い〇。」

みんなの気持ちを代表したオヒョイさんの一言に救われた。

その夜はちょっとゴタゴタした。

五人だから二部屋でツインに二人、もうひとつの部屋にエキストラベッドを入れて三人で寝るんだけど、誰が巨泉さんと一緒の部屋になるかで揉めたのだ。

希望者はいない。

仕方なく、一番格上の河野洋が一緒の部屋に決まった。河野、田村、奥山は青島幸男の門下で『11PM』に参加していた。初期は麻雀コーナーだけしか出番がなかった巨泉さんを「彼は面白い〇。化けるかも〇。」と司会に推薦したのが河野洋なのである。『ゲバゲバ90分』のチーフ作家でもある。


『あのねのねのオールナイトニッポン』

昭和48年7月から昭和51年9月まで続いた深夜番組。開始当初は深夜1時から5時までの4時間生放送だった。あのねのねは主に水曜担当で、ほかの曜日の顔ぶれは小林克也、泉谷しげる、岸部シローなど。

《小型農協団》
当時は旅行の単位は個人や家族よりも職場単位の団体旅行が多かった。中でも大規模だったのが各地の農協単位の団体旅行だったので、それを皮肉っての命名。

翌日、ニューヨークで買い物をしようということになり、五番街を歩いた。

「オレよ、日本サイズだとあまり種類がないから、大体アメリカで買うからサ」

と、言いながら、巨泉さんがYシャツを買い求めるのに付き合った。

続いて、「サングラスが壊れたから……」と言うので、サングラスを買うことになった。眼鏡屋さんに入って色々と物色する。

「オレ、頭がデカイから日本サイズだと合わなくてサ」

と、いくつものサングラスをかけたりはずしたりしていた。

すると、オヒョイさんが近づいて来て、

「ねぇ、このサングラスをみんなで勧めよう。ウフフ、日本のアイリスメガネ」と笑った。もちろん一同納得。

「巨泉さんこれは？」

と、日本製のサングラスを渡す。

「ムム💭最高💭さすがアメリカサイズ💭サングラスはやっぱりアメリカだ💭」

と、満足気に買って、そのサングラスをかけてブロードウェイでミュージカルを観た。覚悟はしていたけど、やはり、途中から巨泉さんの解説が始まった。

「だからヨ、あのナオンがシカケしてさ」

誰かに解説してもらわないと確かに解らなかった。原作の映画は見ている。『あなただけ今晩は』。

ワタシの中のベストスリーに入る洒落た映画だ。ジャック・レモン、シャーリー・マクレーンが主演で、監督がビリー・ワイルダー。

ところが！ ブロードウェイの舞台で展開しているミュージカルは映画と全く違っていた。それもそのはず。原作が『あなただけ今晩は』というのはワタシの勘違いで、原作は同じスタッフで作られた『アパートの鍵貸します』だと解るのは帰国してからなので、ブロードウェイの客席にいるワタシの頭の中は?だらけだった。

なので、巨泉さんの解説を《なるほどなぁ》と思いながら聞いていたけど、途中から前後左右の席から「シッ、シッー！」「黙れ！」「静かに！」という非難の声の大合唱になってしまった。小さな声で話すことができない人なのである。

ブロードウェイでは不完全燃焼だった我々が夜になって巨泉さんの部屋に集まって明日の計画を相談していた時のこと。

「今日のヒットは巨泉さんのサングラスだった！」と、田村隆が言うと、

「よく似合ってたもの！」

「さすがアメリカンサイズ！」と、みんなも盛り上げた。

さんざん盛り上がったところで、田村隆が、

「あれッ？ 巨泉さん、これメイド・イン・ジャパンって書いてありますヨ！」

「またまたァ。ン?」

と、確認する巨泉さんの表情がちょっと変わった。が、すぐに元に戻って、

「まァ、こういうものはフィットするかしないかだから、どこ製だってオレはかまわないのサ」と、強がった。

その強がっている顔がちょっと恥ずかしそうに見えたのはワタシだけだろうか？

そのまま別れて、藤村、田村、奥山は部屋に戻って大笑い💭。

明日も何かしかけよう、という作戦会議のため夜の街へコーヒーを飲みに出たが、日本の喫茶店みたいなカフェは全くない。コーヒーとハンバーガーだけ置いてある危なそうな店へ入り、すぐホテルに戻った。

部屋へ入る時、隣の部屋に掛っている「起こさないで」と書いてある札を「起こして」の方へひっくり返して寝た。

翌日の早朝、誰かがドアをガンガン叩いている。

疲れているから熟睡している三人。

ドラ声が聞こえたけど、そのままとぼける三人。

「奥山💭。田村💭。オヒョイ💭。お前らの仕業だと解ってる💭」

もちろん名前を呼ばれた三人は起きなかった。

この時、思ったけど、怒られる順番はやっぱ一番格下からなんだなア……。

翌日、《小型農協団》の五人はサンフランシスコへと移動した。

なるほど、映画で見たサンフランシスコがこれだ。

坂道をケーブルカーが上がって行く。

日本のケーブルカーと違って、ケーブルがないケーブルカーなので電車のようだ。

すると、「お前ら、これがトゥビーア・リトルケーブルカーよ♡。」と、背後から巨泉さんの声がした。

オヒョイさんが小さな声で、「見りゃ解る」とつぶやいた。

ちょうど、日本では※トニー・ベネットの『想い出のサンフランシスコ』が大ヒットしていたので唄いながら説明してくれたんだけど、確かに見れば解る。

フィッシャーマンズワーフで昼食を割勘で食べて、夜まで自由行動になった。

「じゃ、六時にホテルのロビーで」と、一度バラバラになったけど、結局、オヒョイさん、河野、田村、奥山の四人はスーッと集まって、その頃有名だったサンフランシスコのポルノ映画を観よう、ということになった。

週刊誌ではアメリカのポルノ映画は気になる存在だった。

「巨泉さんどうする?」

「うるさいから置いて行こう」

と、即決してポルノ映画館を探す。

ここでオヒョイさんの英語力の高さを知ることになる。

色々とそれらしい看板に書いてあるキャッチフレーズを読みながら、

「オッ、これがいいかも。アメリカで最近流行っている新しい試みらしいよ」と解説してくれた。

トニー・ベネットの『想い出のサンフランシスコ』

チャップリンの映画に使われた『スマイル』など、今でも多くのミュージシャンにリスペクトされている実力派ヴォーカリスト。グラミー賞を受賞した『霧のサンフランシスコ』(想い出のサンフランシスコ)は廉価版CDとして簡単に入手可。

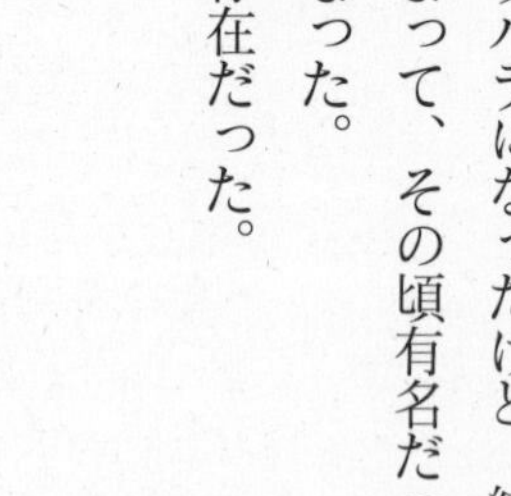

ヤリ手婆

売春婦を束ねては客の好みに近い女を斡旋するマダムのこと。古今東西共通の存在。

結局、我々四人が観たのは、アニメのポルノ『白雪姫と七人の小人』だった。キレイな映像で、全くいやらしさもない、でも凄いポルノだったという記憶がある。その凄い映像に没頭していたら、背後から低いガラガラ声が聞こえてきた。

「おい、お前ら⁉」

びっくりした。

サンフランシスコでヤクザにからまれたと思ったら、

「お前らのやることぐらい大体読めている⁉　ウ〜シッ⁉」

なんと、巨泉さんだった。最後の「ウ〜シッ⁉」がなかったらヤクザだと思う迫力だった。

それにしても、一人残されたのに、自分の情報と嗅覚でサンフランシスコの数あるポルノ映画館の数ある作品の中から『白雪姫……』によくぞたどり着いたものである。しかも全く怒る様子もスネる素振りもない。

「バカ、お前ら、ウ〜シッ⁉」と、巨泉さんが大物ブリを発揮したサンフランシスコの夜だった。

次に行ったロスでは何もなかった……、というのは嘘です。何かありました。

女性を求めて、そんな場所へ行きました。※ヤリ手婆はまるで映画で見るそれと同じ感じで、巨泉さんがすべて取り仕切ってくれた。

ジャズには付き物の売春宿。その独特の匂いも凄かった。

その頃、エイズはなかったけど、みんな性病に関してはかなり用心をしていた。オヒョイさんが友だちの医者から譲ってもらった当時万能薬と信じられていた薬をみんなに配った。もちろん薬局では買えない処方薬である。その薬は何時間か時間を置いてもう一回飲まないと効かないとのこと。

一同、コトが終わってから結果報告。

「奥山〇。かなり早く終わったんだって?」

ヤリ手婆がみんなに告げ口をしたらしい。

「まァ……、オレ東京エクスプレス〇」

婆が笑った。初めて外人を笑わせてやった。

続いて《小型農協団》はラスベガスへ向かった。

食事の付かない、夜九時から始まるレイトショーを見て、次の日の夜はディーン・マーチンのショーを見た。

ディーン・マーチンはワタシの憧れのシナトラ一家の一員だ。日本では『想い出のグリーン・グラス』や『エブリバディ・ラブズ・サムバディ』がヒットしていた。

フルバンドが演奏を始める。ヴァイオリンが前面に出て高音から始まる。レコードが擦り切れるほど聴いた、あのイントロが始まった。バンドはリカルド・サントス楽団。この曲はそのサントスがアレンジした曲である。

下手《しもて》から少々大きめのワイングラスを持ってディーン・マーチンが登場する。

大拍手と歓声。ちょっと足元がおぼつかないマーチンが観客に軽く手を振ってセンターマイクの前に来る。実に計算された演出だ。マイクの前へ来た時、歌が始まるのだ。

マーチンは大きく息を吸い込み「♪エブリバイ・ラブズ・サムバディ・サムタイム……」と唄った。唄ったはずなのだが声が聴こえない。

驚いたことに、マーチンは手を上げてバンドを止めてしまった。

会場全体が固唾を飲む。

マーチンは会場に《そのままで》というポーズをして、自分はピアノを弾いているサントスのところへ千鳥足で行って小声で何かを言う。今さら打ち合わせか？

するとリカルド・サントスが小声で唄う。

「♪エブリーバディ・ラブ・サンバディーサムタイム……」

マーチンは小さな声で「オ〜ケ〜」と言うと、イントロに乗ってセンターに戻って改めて唄う。

「♪エブリーバディ・ラブ・サンバディーサムタイム」

割れんばかりの大拍手。

自分の大ヒット曲の出だしの歌詞を忘れてしまった……という演出である。

見事なものだった。

オヒョイさんはこんな洒落た演出が大好きだった。

オヒョイさんの父親は有楽町でスカラ座という映画館を経営していた。

その映画館が倒産した時の話だ。

倉庫の中に家財道具や処分する品が沢山保管されていたので、道楽息子のオヒョイさんはそこに夜な夜な忍び込んでは売れそうな物品を探して運び出し、売却してはすべて遊びに使っていた。

「オヤジはほら、絵とか骨董品とかを集めてたからサ」

さすがにバレて父親に説教されるのだけど、

「やっぱりお前か⁉ 雑魚には目もくれないで、価値があるものばかり運び出したな。お前はいいセンスをしてる⁉」と最後は誉められている。

優しい父親だ。

オヒョイさんの遺伝子は父親譲りかも知れない。

そう言えば風貌もちょっと似ているなぁ。

オヒョイさんのコントの中で一番好きなのは『ゲバゲバ90分』の中のひとつだ。

クリスマスの日、白い服に白い帽子をかぶった男女数人の聖歌隊が並んでいる。

コンダクターが腕をふり下ろすと『諸人こぞりて』のイントロが流れる。

全員が唄い出す。

♪諸人こぞりて、迎えませり

（※合いの手）ハァドシタ💭

♪久しく待ちにし、主は来ませり、

（※合いの手）ハァナンダ💭

♪主は来ませり、主は、主は来ませり

（※合いの手）ソレカラドシタ💭

真面目に唄うコーラスの一番後ろの端にいるオヒョイさんが、合いの手を入れている。

このシーンはクリスマスキャロルの厳かな雰囲気を想像してもらうしかない。

そして、オヒョイさんのちょっととぼけたスットンキョウな声も想像して欲しい。

後年、オヒョイさんと素敵な会話をした。

「オヒョイさん、昨日ちゃんと言ったでしょう?」

「忘れた💭」

「じゃあ、もう一回言うネ」

「聴こえない💭」

「じゃあ、ここに書いておくから💭」

「見えない💭」

いいなァ。その三ツで生きてくんだ。

「それ頂戴💭」

「いいよ💭」

一〇年ほど前の会話である。


オヒョイさんは胃癌の手術をして千葉のK病院に入院していた。

人間ドックでは全国的に有名な病院で、屋上にヘリポートを備えている。その病院の先生と友達だと言っていた。実際、マスコミ対策として婦人科の病棟に入院していた。

「K病院は美人の看護師さんが多いんだって?」

「みんな可愛いのョ、これが」

「オヒョイさんのことだから当然、手を握ったり……?」

「イヤイヤそれは……だって、病人だから。ちょっとだけ……」

「ン?　ちょっとだけ、押し倒したりして?」

「オホホホ……」

押し倒していたらしい。

退院後は静養ということで札幌のワタシの友人の家にしばらく住んでいた。

オヒョイさんは離婚しているので、ゴルフ道具の会社の社長をしているワタシの友人の豪邸で気楽に静養していた。ウィスキーをストレートでチビリチビリ。

「あれッ⁉　いいの飲んで？」

「一杯ならいいって言われたの。水割りにすると量が多くなるから、ストレートならいいって⁉」

後日、マネジャーにそのことを話したら、びっくりしていた。

「医者はビールなら軽く一杯って言ってたのに……⁉」

マネジャーの哲ちゃんは慌てて札幌に飛んで行ったっけ。

オヒョイさんはいつもダンディーだったけど、洋服はオーダーメイドではなくて全部吊るしだった。日本の標準サイズがピッタリだったからだ。

オヒョイさんにはこだわりがあって、毎年一回は自腹でヨーロッパに行っていた。

「靴を買いたくて」

オヒョイさんは足がとっても小さかった。

二三センチとか、せいぜい二四センチだったので、日本では男物の既製靴にそんな小さなサイズはないけど、イタリアに行くといっぱいあるらしい。

「さすがイタリア⁉　今、持っている靴はほとんどがイタリア製⁉」

お洒落は足元からか……。頷ける。

オヒョイさんは旅には必ず湯沸かしヒーターを持って行った。

U時型の一〇センチくらいの金属製で、マグカップのフチにひっかけて水を沸かすことができる。自分でコーヒーを淹れて飲むための小型ヒーターだ。

もうひとつの習慣は旅先で必ずコーヒーカップかマグカップを買って来ることだ。買ってきたカップをマンションの階段に一段に一個ずつ並べていた。

色々な型で色とりどりのコーヒーカップが並んで素敵なインテリアになっていた。

「あのね、部屋の中に髪の毛一本落ちていてもダメなの……」

「だから胃ガンになったんじゃない？」

相当な潔癖症で神経質だった。


オヒョイさんは意外なことに賭け事が大好きだった。

《小型農協団》の五人がラスベガスでそれぞれ勝手にゲームを始めた時のこと。

普通の日本人はルーレットかスロットマシーンが専門だけど、巨泉さんは英語が解らないと参加できないゲーム、確か『クラップス』とか『セブン・カム・イレブン』というサイコロを二つふって七が出ると終了というゲームを楽しんでいた。外国人ばかりの中、唯一の日本人の巨泉さんが一番大きな声で楽しんでいた。

オヒョイさんはオヒョイさんで、あまり日本人がいないパーテーションで仕切られたブースに入ると、トランプを何組か使う『バカラ』という、配られた二枚のカードの間の数に賭けて的中すると配当があるというゲームに興じていた。

これは勝っても負けても大きかった。

もうひとつ楽しんでいたのが『ブラックジャック』で、ついにスッカラカンになったらしい。当時は日本からの持ち出しドルが制限されていて、三〇〇ドルと日本円で一〇万円しか持って行けなかったので失くなるのが早い。

何しろ、一ドル三六〇円の時代だからね。

いや、それにしても早すぎる。それほど勝負に熱くなっていたということか。

ラスベガスの次の旅行先はハワイだった。

ワタシはハワイでカミさんと待ち合わせをしていたので、無事に合流すると、オヒョイさんが小声で「お金がネ……なくなったの」と恥ずかしそうに告げてきた。

お互い、制限されたお金だからフトコロが寂しいことはよく知っている。幸い、ワタシはカミさんと合流したので、ちょっとだけ余裕があるからと少し貸した。

さらに、ワタシたち夫婦の部屋にエキストラベッドを入れてもらって、ハワイの三日間はオヒョイさんとワタシとカミさんの三人で過ごしたので、恐縮しきりのオヒョイさんだった。

この原稿を書いていたら、そんなこともあったなぁと数十年ぶりに思い出した。

そして、がらにもなく胸が痛くなった。

オヒョイさんが仲人を務めたワタシの友人の結婚式の一場面（左が藤村俊二で右が奥山侊伸）

坂本　九さん

昭和三三年、東京タワーが完成して、日本中が世界一高い東京タワーのことで盛り上がっていた時、ワタシはタワーから下界を見下ろしていた。

北海道の旭川からギタリストを目指して上京して二年目。ギターで世界一になるのは無理だけど、日本一になるのも無理だけど、ギターは弾ける♡。

その頃はジャズ喫茶が大流行していて、今でいうライブハウスのようなジャズ喫茶が結構あった。ジャズバンドも出演していたし、ウエスタンバンド、ハワイアンバンド、ロカビリーバンドなど、バンドであったらジャンルを問わず出演していた。

ワタシは池袋にある『ドラム』というジャズ喫茶に勤めた。

小さな劇場風の建物で、正面にステージがあった。客席は五〇席くらいで、すべての席がステージに向かって並んでいる。そこに、男ばかり二〇人くらいが働いていた。オモテ向きには飲みものを運ぶボーイさんだけど、ステージのセッティングの手伝いなどなんでもした。

ある日、まだ小学生くらいの※伊東ゆかりが出演した。

『クワイ河マーチ』※のバンド演奏が始まり、小さな女の子が音楽に合わせて腕を大きく振り足を上げて行進して来ると、センターマイクの前で止まって唄い出した。

印象深いワンシーンとして目に焼き付いている。

翌日のステージには無名のロカビリーバンドが出演した。ボーカルの青年はステージに寝ころびながらギターを弾いて唄っている。

小学生くらいの伊東ゆかり
伊東ゆかりは昭和22年4月生まれで、キングレコードからデビューしたのが美空ひばりよりも1歳早い11歳、昭和33年6月なので、デビュー前の伊東ゆかりがドラムに出演したのは昭和33年5月ぐらいだと思われる。

『クワイ河マーチ』
『クワイ河マーチ』は昭和32年に公開された映画『戦場にかける橋』のテーマ音楽。伊東ゆかりのデビューシングルは『かたみの十字架』という曲で、『クワイ河マーチ』（日本語訳詞／音羽たかし）はそのB面。この『クワイ河マーチ』の評判がよかったので、『ラリパップ』『ロコ・モーション』などのカヴァーポップスを次々にヒットさせる。

坂本九
昭和16年12月10日生まれ。第九子だったので九(ひさし)とデビュー前の※坂本九ちゃんだ。

その翌日は目つきの鋭い若者がラテンの『カチート』を唄っていた。同じくデビュー前の※水原弘である。

ワタシはステージが終わると客席を一周して飲みものの器を手早く回収した。そして、次のお客さんが入って来ると注文のチケットを集めて、これまた素早く客席へ配る。ホットコーヒーなら銀盆《トレー》に二〇杯以上は積んで配っていた。

その翌日はクレージーキャッツが唄と笑いとジャズの演奏を繰り広げた。

旭川から上京して間もなかったワタシはまるでドッキリカメラに騙されている青年のように毎日がカルチャーショックでふわふわしていた。

『ドラム』では順番に従業員二〇人分の食事を作る担当が回ってくるので、ワタシにとって初めての料理作りが二〇人分だった。献立を考えるところから食材の買い出しまで全部一人でやるのが決まりだ。適当にいろんなものをぶち込んだら美味しいシチューになるだろうと食材や調味料と格闘していると、その忙しい中、楽屋から坂本九ちゃんが来て、「おい、冷たい水持って来て」と言った。

「今、手が離せないです」

「水くらい持って来れるだろう！」

「それが、無理でして……」

「なんだバカヤロ！」

名付けられる。バンドボーイを経て、昭和33年5月にロカビリーバンドとして活躍していたザ・ドリフターズのボーカル&ギターになるやいなや日劇ウエスタンカーニバルに出演するほどの人気を博すものの、11月には一度引退しているので、ドラムに出演したのはまだ高校2年生の夏のこと。3歳年上の奥山侊伸にとっては生意気な高校生に見えたんだろうね。

水原弘

昭和10年11月1日生まれ。昭和32年にダニー飯田とパラダイス・キングの初代ボーカルとして歌手活動を始めるけど、レコードデビューしたのはその2年後の昭和34年。デビュー曲の『黒い花びら』の作詞は永六輔だ。ドラムに出演したデビュー前の昭和33年は森山加代子やジェリー藤尾らと組んでいた『水原弘とブルーソックス』時代だと思われる。

まだメジャーじゃなかった坂本九ちゃんと厨房の中で揉めた。ワタシより年下なのに生意気なヤツだった。ついでに水原弘とも揉めた。おっかないヤツだった。あとでフロアマネジャーにこっぴどく叱られた。

楽屋の隣が厨房という造りが悪い⁉

旭川時代、ワタシがギターを弾くと、友人たちが唄い、大いに盛り上がった。得意だったのは古賀政男だ。ただし、『影を慕いて』『湯の町エレジー』『人生の並木路』くらいしか弾けなかった。こんなレパートリーでプロのギタリストになれると勘違いして上京したのだから話にならない。ド田舎青年の典型である。

そんなある日、個人的な大事件に遭遇した。『ドラム』を辞めて、日本橋の喫茶店でアルバイトをしていた二二歳の時のことだ。

『禁じられた遊び』を弾いているナルシソ・イエペスが来日したのである。

(正確には『禁じられた遊び』は映画の題名で、あの有名な主題歌には『愛のロマンス』というタイトルがついている)

東京駅八重洲口側のブリヂストンの建物の中にあるホールだった。

映画『禁じられた遊び』は学校で観劇会の一環として見た。

昭和二八年に日本で公開されているから中学生の頃かな？　なんだか凄いタイトルだと思って観たら、禁じられているのは自分が思っていた方じゃなかったけど、心に沁みる映像と心を掻き乱すギターのメロディが胸に残った。

あの頃の若者はギターを持ったら必ず『愛のロマンス』を弾いていた。その本人、ナルシソ・イエペスが舞台にいる。

始まった。音を聴いた。演奏を見た。ひっくり返った。腕は二本。指は一〇本。ギターの弦は六本。フレットはせいぜい二〇フレット。一人の演奏とは思えない。一台のギターとは思えない。すべてが「思えない」の連続だった。「なんだこりゃ。」がナルシソ・イエペスを聴いてみての感想だった。

ド田舎青年は「おれはクラシックギターじゃないから関係ないや」とつぶやいて、ジャズのバンドボーイ（楽器運びなどのアシスタント）になった。

大沢保郎トリオ。

ピアノ＝大沢保郎、ベース＝伊賀実、ギター＝横内章次。生粋のジャズバンドだ。ギターの横内章次さんが愛用のギブソンで指ならしにワンフレーズ弾いたのを聴いての感想が「だめだ、こりゃ。」だった。腕も違うが、音が全然違う。

横内さんは九州出身で、どこか西郷隆盛を思わせる風貌で、とても優しかった。「奥山。車が欲しいとして、ロールスロイスが絶対無理だとしても、ベンツも難しいとしても、トヨタがある。ニッサンもある。だから、なんとか車を手に入れることを考えろ。」

今思い出しても名言だと思う。

ギブソンは夢のまた夢だったので、質流れの安いギターを買った。

そして、隣の部屋に漏れないように四畳半の部屋の狭い押入れに入って、防音用に内側に毛布を吊るして、必死でスケールの練習をした。夏は余りの暑さでぼ〜っとなりながらもスケールを弾きまくった。

結局、ギタリストにはなれなかったけど、放送作家として歩み始めて間もない頃、ある歌番組の台本を書くことになって冷や汗を流した。

まずい💭。　坂本九ちゃんと顔を合わせることになるぞ💭。

あの日『ドラム』の厨房で揉めたことをまだ覚えてるかな？　もう忘れてしまったかなァ……とドキドキしながら会ってみると、テレビで見るトレードマークの笑顔のままだった。

「いいヤツじゃないか💭。」

ワタシまで九ちゃんスマイルのファンになってしまった。

九ちゃんスマイル旋風が全国を駆けめぐり、『上を向いて歩こう』は世界的なヒット曲になった。

『上を向いて歩こう』以降も次々とヒット曲を飛ばし[※]、坂本九ちゃんは童顔のまま大物になったけど、ワタシと揉めた短気な性格は変わる訳もなく、事務所のスタッフや付き人は結構怒鳴られてピリピリしていた。気が付くと、テレビ局の中では「九ちゃん」と気軽に呼べない雰囲気が漂っていて、「坂本さん」「九さん」と呼ぶようになっていた。日本テレビの名物プロデューサー井原高忠さんだけが唯一人「九

次々とヒット曲を飛ばし　永六輔作詞の『見上げてごらん夜の星を』、青島幸男作詞の『明日があるさ』『涙くんさよなら』『レットキス』などど。昭和51年には東芝ＥＭＩから北海道限定発売のシングル『何かいいことありそうな』(作詞／奥山侊伸)をリリースしている。

第一九回ＮＨＫ紅白歌合戦　昭和43年12月31日放送。紅組の司会は水前寺清子、白組の司会はＮＨＫのアナウンサー以外では初めて坂本九が担当。それまで白組の司会だった宮田輝アナウンサーは総合司会。8回目の出演となった坂本九は『世界の国からこんにちは』を唄った。歌以外のゲストもハナ肇とクレージーキャッツ、ザ・ドリフターズ、コント55号、前田武彦と超豪華だった。

ちゃん」とか「九坊」と呼んでいた。

ある日ふと井原さんがつぶやいた。

「九坊も偉くなったから、皆さん大変でござんスねぇ」

井原さんの喋り方は独特で、ちょっとヤクザが入っている。のちに大橋巨泉さんに井原さんの口癖が移ってしまった。「こりゃまた結構〇。」「バカお前〇。」「なんたって〇。」は井原フレーズである。井原さんは続けた。

「なんたって世界の坂本九でやんすから、九ちゃんはマズイでしょう。本人もファン以外の業界人から九ちゃんと呼ばれるとムッとしてますからねぇ……。どう見たって九ちゃんじゃない。かと言って九さんじゃ収まりが悪い。さしずめ九様でやんすかねぇ……」

古い付き合いの人は「九ちゃん」、偉い人は「九様」、多くのスタッフは「坂本さん」「九さん」と呼び方が沢山あった。

ワタシと九ちゃんは幸い「九ちゃん」と呼べる関係のまま、ちょこちょこと仕事で顔を合わせていた。

中でも面白かったのはヒデとロザンナの『愛の奇跡』や、サイモンとガーファンクルの『サウンド・オブ・サイレンス』、青江三奈の『伊勢佐木町ブルース』がヒットした昭和四三年の第※一九回NHK紅白歌合戦だ。

この年の白組司会が坂本九ちゃんだった。

「奥ちゃん、ちょっと手伝ってくれる？　年末は忙しい？」

「大丈夫。（だけど、何を手伝うんだろ？）」

　手伝うの意味がすぐに解った。

　司会と言えども、紅組と白組の細かい進行の内容が全く解らないのである。おおまかな構成台本はあるものの、紅組も白組も自分たちがどんな紹介で歌を盛り上げるのかは極秘なのだ。今思い返しても何が秘密だったのかよく解らないけど、兎に角、リハーサルの時も男女は別々に時間を区切って内緒でやっていた。極秘のサプライズが本番当日の生放送で花開くのがコンセプトだった。

　ワタシと九ちゃんは毎日結構な時間を費やしては進行のセリフの言い回しや面白いセリフを考えながら国営放送の不思議な番組作りを楽しんだものだ。

　そんなことがあってからしばらくして、札幌のローカル局で坂本九ちゃん司会のチャリティ番組※『ふれあい広場・サンデー九』が始まることになり、上田豊プロデューサー（故人）から声がかかった。

「九ちゃんと仲いい？」

「普通」

「チャリティ番組が始まるんだけど、台本書いてくれる？」

「おれ、チャリティって嫌いだもん」

「チャリティは番組の主旨だけど、あんたには原稿料を払うからさ」


『ふれあい広場・サンデー九』

『上を向いて歩こう』が世界的に大ヒットした翌年の昭和37年、小児麻痺の子供たちを応援するチャリティーショーが札幌市で開催され、坂本九は無報酬で出演している。以後、10年間、毎年北海道でチャリティーショーを開催したことがきっかけで、昭和51年10月から札幌テレビで始まったチャリティ番組。北海道ローカルだったのに、坂本九は道内各地にとどまらず、道外、海外にまでロケに行っては障害者たちとふれあった。10年を超える長寿番組になる予定だったけど、坂本九が飛行機事故で亡くなったため昭和60年9月29日の第462回で終了。死亡後も既に収録してある分として一カ月半ほど放送されたので多くの道民が涙を堪えて見た。奥山侊伸はこの番組の台本のほかに坂本九が唄った主題歌『何かいいことありそうな』（北海道限定発売）の

「だったらいいよ♡。」

ワタシがチャリティ嫌いなのは、正面切ってチャリティでございますと始めることはどうしても偽善っぽいからだ。チャリティって、こっそりやるか自主的にやるものだと思っている。だから、豪邸を持ち、別荘を持ち、クルーザーを持っている森繁久彌さんが『あゆみの箱』を始めた時、森繁さんが好きなだけにガックリきた。

　でも、何億円も集めて、なんだかんだ救われる人がいるのだから、ヨットだの高級車だの細かいことに文句をつけたところで世間的には立派なことなのだろう。

　新しく始まるチャリティ番組の打ち合わせを済ませてから、上田プロデューサーと二人で九ちゃんの事務所であるマナセプロの社長の家に行った。すると、温厚な顔の曲直瀬社長が妙にソワソワしていて、番組をよろしく頼むね、という挨拶の後、

「奥山さんは車は好きですか？」と言ってきた。

「大好きです♡。」

「良かった。たった今ね、フランスに注文していたシトロエンが届いたところなんです。一緒に乗ってみます？」

　当時としては珍しいシトロエンを都内で試乗させてもらった。

「この車はハンドルを一〇時一〇分に握ると、すべてのスイッチ類が腕を動かさなくても指先だけで操作できるんですョ。しかも、今は昼間だから解りませんが、ヘッドライトがハンドルを切った方向に動くんです♡。」

作詞もしている。

「ヘエー♡。」

シトロエン。この車の魅力についてはハードボイルド小説『深夜プラス1』※に余すところなく描写されている。

試乗したワタシは一発で惚れ込み、のちに購入することになるのだけど、「シトロエンとチャリティか……。チャリティと言いながら、貰うものはちゃっかり貰っているんだろうなァ」とその時は思った。

坂本九ちゃんが無報酬で出演していて、本当のチャリティだったことを上田プロデューサーに教えてもらって我が身を恥じるのは少しあとのことである。

こうして始まった番組は多忙な九ちゃんが北海道のローカル番組だからといって決して手を抜かず、むしろ精力的に動き回ったので評判が良かった。

何しろ、障害者の皆さんの九ちゃんに対する信頼と人気は絶大だった。

ワタシの中の坂本九ちゃんは生意気なヤツから、いいヤツ、そして、とってもあたたかいヤツへとスライドしていった。

「ねぇ、奥ちゃん、今度東京で飲まない？」

「すみません、ワタシ飲めないんです……」

「またまたぁ。じゃ、軽くやろうよ♡。」

「はい」

坂本九ちゃんと東京で軽く飲むことになった。

※『深夜プラス1』
イギリスの作家、ギャビン・ライアルが昭和40年に発表したハードボイルド小説。日本では菊池光の訳で昭和42年に早川書房から発売され、昭和51年に文庫化されると内藤陳がプレイボーイの書評で絶賛したことがきっかけで話題に。（内藤陳はついに『深夜プラス1』という店名のバーを新宿ゴールデン街に開き、冒険小説好きの溜まり場になった）

2016年にハヤカワ文庫から鈴木恵の新訳で発売された

でも、ワタシが飲まないのではなくて本当に一滴も飲めないと解った九ちゃんは「おれ、飲んでいい？」と照れ臭そうに言った。

「どうぞどうぞ」

「じゃあ、奥ちゃんは食べて♡」

「じゃ九ちゃんは飲んで♡」

とは言っても、飲む方にも遠慮があるだろうし、ワタシも酒の肴ばかりで美味しいものを食べた記憶がない。九ちゃんとの二人会は三回ほどで終了してしまった。

ワタシの周りに飲んべェは沢山いるけど、九ちゃんが一番の酒豪だったと思う。

その日は明るくなるまで飲んべェと下戸が青山で時を過ごした。別れ際、

「九ちゃん大丈夫？」

「何がぁ？」

「何がぁって、今日は一段と飲んだからさ」

「ちょっとねぇ」

ちょっとではない。サントリーのだるまを一人で一本空けていた。

そのまま車に向かった。プレジデントである。運転席に座る。

「九ちゃん駄目だよ。車は置いていきなよ」

「大丈夫、大丈夫」

何が大丈夫なのか、制止を振り切り、いつもの九ちゃんスマイルで去って行った。


ので新刊で入手可。

その数年後、札幌のテレビ局で坂本九ちゃんの特番をやることになった。どこで打ち合わせたのか場所は思い出せないけど、打ち合わせた内容のメモが残っている。

九月九日のちょっと遅いけど夜九時に開演する公開番組である。

「九ちゃんには楽器を九ツ演奏してもらいます」

「奥ちゃん。気持ちは解るけど九ツは無理だよ💭」

「なんとかなりますって。トライアングルとか、カスタネット、ハーモニカ。ほら、これで三ツですよ」

「まァねぇ」

「あとはギター、ピアノ、笛、ドラム、ウクレレ、シンバルとかさ。やっつけじゃなくて、きちんと練習してやりましょうよ」

「いけるかな？」

「いけます💭」

それから歌は九曲。ママさんコーラス九九人。料金は九九円。舞台でキューを出すのはプロデューサーの上田豊。

「ハハハ。解ったよ。奥ちゃんがそこまで言うなら、おれも真剣に考えてみる」

二回目の打ち合わせの時、「おれ、作詞作曲してみたんだけど、今回のコンサートで唄ってみようかな」と、九ちゃんが一枚の譜面をワタシに渡した。

「いいじゃない。新曲も入れて九曲で構成してみるよ」

「じゃあさ、おれ、明日大阪へ行って来るから、帰って来てからこの続きを打ち合わせしましょう。九月九日ったら、もう時間もないしサ」

「OK。じゃ、帰って来たら連絡をください〇。」

「OK、じゃあね〇。」

いつもの九ちゃんスマイルで、そう言って別れたきり、坂本九ちゃんはもう※帰って来なかった。

もう帰って来なかった
昭和60年8月12日、NHK－FMでの番組収録後、元マネジャーの選挙応援に向かった日本航空123便が墜落して亡くなった。まだ43歳だった。

「晩秋」

作詞・作曲　坂本九

山のふもとにしずんで行く
北国の夕焼け　淋しいですね
これから雪の季節です
君がこの街に今はいないと
夕焼け見てたら　気が付きました
(これから雪の季節です)

乾いた風が吹きぬける
北国の夕焼け　悲しいですね
これから雪の季節です
落葉で君に　手紙を書いて
そのままポストに入れました
これから雪の　季節です
君のいない淋しい冬です

―晩秋―

詞·曲 坂本九
編曲 S. SENO!

おまけ〜テレビの話を少々

世界まるごとHOWマッチ

巨泉さんはテレビ各局に番組を持っていたけど、同じコンセプトの番組はやらなかった。各局一番組と決めていた。

つまり、その分、新番組の企画には厳しかった。

ワタシがかかわった巨泉さんの新番組の立ちあげで一番大変だったのが『世界まるごとHOWマッチ』[※]だ。第一回目が完成するまでの経緯だけで特番のメーキングドラマができるくらいの難産だった。

番組の企画会議は制作会社イーストでスタートした。大きな骨子は電通が作っていた……と思う。

東《あずま》さんが社長なのでイースト。東さんはTBSを退職してイーストを作った。

その頃の巨泉さんは五〇代で芸能界をセミリタイアすると宣言して大々的にパーティまでしていたので、基本的に新番組をやる気はなかったのだけど、東さんはTBS時代、巨泉さんと仕事をしていて巨泉さんに目をかけられていたし、東さんも巨泉さんをリスペクトしていたので、あとは分析力が鋭い巨泉さんを納得させるだけの企画を提案できるかどうかにかかっていた。

『世界まるごとHOWマッチ』
昭和58年4月から7年間も続いたTBSのクイズ番組。木曜夜10時からの印象が強いけど、昭和59年10月以降は木曜夜8時からに移動している。

石坂浩二
昭和16年6月20日生まれ。本名が武藤兵吉なので愛称はヘイちゃん。当時は好感度ナンバー1の正統派俳優だった。

相当に頭のいい外国人
最近は嫌韓と右翼的発言が目立つケント・ギルバートと外国人スポーツインストラクターの元祖的存在のチャック・ウィルソンの二人を軸にして、ギタリストのクロード・チアリや眼鏡芸のケント・デリカットなどの外国人タレントが毎週起用された。

西村知江子
昭和27年2月10日生まれ。ニッポン放送から独立して、大と言う訳で、企画会議は毎回かなり熱の入った内容となり、解答者のキャスティングにも相当熟慮を重ねた。

解答者席のトップは物知り蘊蓄インテリで正統派の※石坂浩二。

二番手は巨泉さんからの要望で個人的にゴルフなどもやっていたビートたけし。ビートたけしは確かに欲しいタレントだった。正統派の石坂浩二とは対局にいる無頼派のビートたけしが並ぶのだ。あまり考えないでテレビを見ていてもこの二人が並んだら面白いと解る。問題はスケジュールだけど、なんとかなるもんだ。だってテレビ局と電通と大橋巨泉さんとイーストが口説くのだから。

三番手の解答者は、その頃テレビ界で市民権を得つつあった外国人タレントだ。日本育ちのハーフではなくて、あくまでもネイティブの外国人。それも、石坂浩二やビートたけしと並んでクイズに答えるのだから※相当に頭のいい外国人ということになる。番組的にインパクトのある解答者だ。

四番手はその座にいるだけで話題になる、華を持っている人。

五番手は存在が面白くて発言で笑わせてくれる人、という順番で解答者が揃った。

そしてアシスタントは番組の流れと時間をしっかり把握できる女性ということで元ニッポン放送アナウンサーの※西村知江子に決まった。あと、クイズの出題は※小倉智昭でいくことにした。

解答者やアシスタントが決まったので、いよいよ、内容、中身の問題だ。

橋巨泉事務所に所属するフリーアナウンサーに。現在は別事務所。

小倉智昭
昭和22年5月25日生まれ。東京12チャンネルのアナウンサー時代に大橋巨泉に誘われて大橋巨泉事務所に所属するフリーアナウンサーに。現在は別事務所。今は『とくダネ!』でメインキャスターを務めているけど、この時は声の出演だけだった。

基本的には『ＨＯＷマッチ』のタイトルそのままに、世界中の値段が付いている、あらゆる物がいくらなのかを当てるクイズなので、すんなりいくハズだった……。

世界では、こんなものがいくらするのか？　そんなサンプル映像を一二月初旬、最後の詰めの会議で巨泉さんに見てもらったら、そこで決裂した。

「こんな単純な問題で番組が成り立つ訳がない。ベテラン揃いなのにテレビを舐めているのか⁉　オレはこれからワイハ⁉」と帰ってしまった。

この打ち合わせのあと、巨泉さんは冬休みでハワイに出発する日だったので、明日改めて……という訳にはいかなかった。

センキョ(巨泉)爆発、ハッパメロメロ、である。

残った我々スタッフは呆然。こういう怒り方は初めてではなかったけど、難産の末、もうすぐ生まれると言う寸前での海外逃亡は初めてのことだ。

このまま番組が流れたら、ＴＢＳで一人、電通で一人クビになるぞ。ましてや制作会社のイーストはなくなってしまうかも知れないほどの大問題になった。

その一週間後、イーストから電話があった。

「奥山さん、パスポートは持ってますか？」

「はい、持ってます」

「だったら明日ハワイへ行ってください」

「⁉」

巨泉さんのハワイ島にある別荘に再度出演交渉に行くと言うのだ。テレビを舐めていると怒った理由は春から始まる番組なのに出題映像がほとんど冬のシーンばかりだったので怒ったという分析の基、出題を作り直したのである。もうひとつ、これは大橋巨泉流のネゴシエーションではないかとも思った。オレを使って始めるこの番組のスタッフはどのくらいやる気があるのか、このテレビ局の本気度は？　大橋巨泉をどう思っているのか、どう扱うのか。それらをすべて試していると言うのだ。

そこで、イースト社長の東さん、チーフディレクターの林さん、チーフライター奥山、大橋巨泉事務所社長の近藤利廣、電通の久松さんという大の大人五名が、番組出演再交渉をするべく、番組改正案、新たな構成案を持ってハワイへと旅立った。その日が悪かった。一二月二四日、世間ではクリスマスイヴである。打ち合わせだけなので一泊旅行、というのがヤクの売人か何かと間違われて怪しまれたらしい。マウイ島の空港へ着いたら一人だけ出てこないのである。

東さんが税関でひっかかっていた。彼だけワーキングビザを持っていたので、税関の係員が一泊だけということに疑念を抱いたようである。

クリスマスイブの空港で、男四人が、三、四時間、ボーッと待っていたら、東さんが無事に出てきたので全員ホッと安堵。気を取り直して飛行機でハワイ島へと飛んで、巨泉さんの別荘を目指した。

留守だった。

我々が日本から来るのを知っていてゴルフに出かけていた。

《絶対いい死に方をしないぞ》と全員が心の中でつぶやいた、と思う。

夕方、巨泉さんの帰宅を待って別荘での会議が始まった。

いざ会議が始まったら、案外機嫌がよくて安心したのを憶えている。

問題は別荘が禁煙なことだ。

マウイ島まで来て、税関で待たされて、マウイ島からハワイ島へまた飛んで、ゴルフが終わるのをひたすら待って、やっとソファに座ってホッとしたら禁煙♀。

「バカ、奥山、アメリカはほとんど禁煙なんだヨ♀。煙草を吸うヤツは出世街道からハズれる時代なんだ。ウ〜シッシ」

《別に出世なんか望んでないもんね》と、ハワイの別荘でつぶやいたものだ。

巨泉さんがトイレに行ったスキに小声で寿々子さんに「灰皿は?」と聞いたら、「うちにそんなものないもん」と笑ってから普通の小さな皿を出してくれた。

ワタシがその普通の小皿を持ってベランダへ出ると、そこに居た全員がワーっとベランダへと出た。全員出世しなくてもいい人たちだった。

一服した我々は第一回の番組がオンエアされる時の出題や映像の修正などを説明して別荘をあとにした。

別荘から近くのホテルまで歩く間は全員無言だった。ワタシが「マウイクリスマス♡」と明るく言っても誰も反応しなかった。はぁ〜っ……。

結局、帰国したらすぐにサンプル台本を書いて、三日後にハワイ島に届けることになった。

ＦＡＸもパソコンのメールもない時代である。たまたま三日後に巨泉さんの別荘に遊びに行く人がいたので、その人に預けるのだ。そのサンプル台本を見てから、正式に番組の出演を決めると言う段取りになった。

つまり、まだ油断はできない。

ワタシは近ちゃんに「どうだろう、あの雰囲気？」と聞いた。

「う〜ん、たぶんいけると思うけど、こればっかりはなァ……」

ワタシも七割はいけそうな気がしていたけど、とてもスッキリとした気分にはなれない。世の中はクリスマスイヴ。ホテルはカップルだらけ。フゥ〜ッ……。

こんな苦労をしただけに、第一回目の収録が始まった時はスタジオの片隅で、誰に言うのでもなく「なッ♡」とつぶやいた。

第一回目の問題で一ツだけ覚えているのが、アメリカの廃線になった鉄道の小さな鉄橋の値段だ。

「この鉄橋はＨＯＷマッチ♡」

アメリカなんだから、どこかのデカイ公園に架けても面白いし、鉄のスクラップとして売ってもかなりの量だし……と、解答者は色々考えた。

正解は橋の撤去をすべて買った人が負担するという条件で、値段は一ドルだった。

この流れと客席の反応を見てワタシは「なッ💭」とつぶやいた。

この番組はイケるゾ。

ビートポップス

フジテレビの番組『ビートポップス』は時代の先取り的な格好いい番組だった。どれほど画期的な番組だったのかは藤村俊二さんのページにも書いたけど、何しろ、しっかりとした資料が残っていない※《幻の番組》なので、この欄でも改めて紹介したいと思う。多少重複するのはお許しヲ。

広いスタジオにセットらしいセットはなく、公園にあるジャングルジム風の洒落たセットがあって、そこにはカワイイ女の娘が、超ミニやホットパンツの少々刺激的なファッションでズラリと並んで踊っていた。

ダンサーだけど、プロではない。踊りたいだけの娘たちだ。

タレントの卵的な杉本エマや小山ルミが、その時代のヒット曲に合わせて踊る。ここが洒落ていたところだ。ジュリアナの原点だったのかも知れない。

しっかりとした資料が残っていない

大橋巨泉が２００４年に出した自伝『ゲバゲバ70年！』（講談社）の中に『ビートポップス』に関する記述があって、放送作家は河野洋と書かれているけど実際には河野洋は参加していない。奥山侊伸と田村隆の二人が台本を書いていた。

『キサナドゥーの伝説』

昭和43年2月にリリースされたイギリスの5人組バンド、デイヴ・ディー・グループの11枚目のシングル。全英シングルチャートで1位を獲得している。日本ビクターから発

テレビなのに生演奏ではなくてレコードを流すなんて、それまではなかった。

司会の大橋巨泉さんがダジャレでバンドや曲名を紹介するのも若者に受けていた。

ワタシはそのダジャレを必死で考えては台本を書いていた。

「続いて、千葉の木更津にいいナオンが居ると言う伝説※『キサナドゥーの伝説』なんて言ったりなんかしちゃったりして💭」

その頃はダジャレが王道だった。

司会は大橋巨泉さんのほかに音楽雑誌の草分け『ミュージック・ライフ』編集長の星加ルミ子（のちにビートルズに単独インタビューを許可された）、音楽評論家の木崎義二、のちになって映画評論家の今野雄二も司会陣に参加した。

予算をかけずに格好いい番組を作るという姿勢は、その後、フジテレビの独特な番組形態のひとつになったと思う。

なんといっても踊っている皆さんが格好よかった。ジャングルジムの下では一般応募で集まった視聴者が踊っていた。このダンスが若者に大流行した。

振り付けていたのは藤村俊二さんである。

その時は知らなかったけど、大橋巨泉さんと同じ年だった。

ちなみに、その頃、大橋巨泉さんは年令を偽っていた（本当は昭和九年生まれなのに昭和五年生まれと言っていた）。

このふたりの組み合わせが『ビートポップス』をショーアップしていたと思う。


売されている7インチのEPレコードは格安中古で入手可。日本では、なかにし礼の訳詞で、ザ・ジャガーズがカバーしている。

テレビ番組を一本作るのにこんなにスタッフがいるのです〈奥山侊伸は３列目の左から２人目〉**1982.8.21**

奥山侊伸だいたい年表

昭和一三年一一月一八日、男ばかり四人兄弟の長男として旭川で生まれる。

転居先の北陸金沢で幼稚園に入園。

満州から帰った父親が軍の任務の関係で千葉の四街道に越したので、幼稚園在園中に金沢から千葉に転居する。

昭和二〇年、千葉の小学校に入学。この頃、千葉から成田山にお参りに行く途中、高射砲で撃ち落とされて田んぼに斜め四五度に突きささったB29を車窓から見る。

同年、小学一年生で終戦を迎える。

この頃、東京の映画館で**チャップリン**の『**黄金狂時代**』と**榎本健一**の『**エノケンの法界坊**』という二本の喜劇をリバイバルで見て感激。その後の原点となる。

昭和二三年ごろ、小学校三年生ぐらいで旭川に帰り、旭川中央小学校に転校。小学校五年生ぐらいで旭川春光小学校に転校、という具合に、戦後、父親が工事現場の経理事務の仕事をしていた関係で住居を転々とする。

昭和二六年、教育大付属旭川中学を受験して合格するものの、入学後、父親が家を出たため旭川市内の母親の実家に転居。付属中から旭川市立明星中に転校する。

中学時代、NHKラジオの『**日曜娯楽版**』に夢中になる。中でも『冗談音楽』※のコーナーが気に入り、唄とコントと風刺の組み合わせに開眼する。

昭和二九年、旭川東高校の定時制に入学。母親の実家が畳屋だったので、昼はそこで働いてゴザや藁布団を販売しながら定時制の夜間高校に通う。

【肩書および役職】
一切なし。日本放送作家協会に所属している放送作家。

【受賞歴】
昭和44年2月に東芝レコードから発売された『わすれたいのに』（唄／モコ・ビーバー・オリーブ、日本語版作詞／奥山侊伸）で東芝レコードからヒット賞としてゴールデンディスクを授与される。

昭和50年4月ごろ、幻想小説『スキ間～そしてカモメのミナサン』で第二回青島幸男賞（第一回受賞者は青島幸男本人というふざけた賞）を「ください」とお願いして受賞。

昭和三〇年、高校二年の時に叔父の畳屋を辞めて、学校からの推薦で旭川市内の奥田病院という※婦人科の病院で好待遇で働き始める。

昭和三一年、高校四年の頃、旭川市内の映画館で石原裕次郎の映画や小坂一也の実演（ステージ）を夢中で観る。この頃、遊び人の叔父から借りたガットギターで古賀政男の『酒は涙か溜息か』のイントロを見様見真似で弾けるようになったので、自分はギタリストとして身を立てられるのではないだろうかと勘違いしてしまう。

昭和三三年、定時制高校を卒業後（卒業式に出たかどうかは覚えていない）、ギタリストになるべく一九歳で上京。三鷹の親類の酒店に住み込みで働きながら本気でギタリストを目指す。

この頃、月に一日か二日しかない休日を利用して、ジャズ喫茶巡りを始める。新宿の『ヨット』とか有楽町の『ママ』でジャズを聴きまくる。

同年、住み込みで働いていた三鷹の酒店をさっさと辞めて、大学に通っている同級生が高円寺に住んでいたので、そこに転がりこみ、池袋駅東口にあった※『ドラム』というライブハウスで働き始める。

昭和三五年ごろ、『ドラム』に**クレージーキャッツ**が出演した折、**ハナ肇**に自作のコントを手渡すものの特に反応なし。人生初の売り込みは失敗する。

昭和三六年、二二歳の頃、給料が安くて食生活が充実しないという理由で『ドラム』を辞めて、日本橋の高島屋の近くの喫茶店『エイト』でバーテンを始める。

昭和54年2月にワーナー・パイオニアから発売された『アメリカ橋』（唄／狩人、作詞／奥山侊伸、作曲／信楽順三）で、第六回東京音楽祭作詞賞。

『冗談音楽』のコーナーが気に入り
『冗談音楽』は三木鶏郎が楽曲を提供した人気コーナーで、まだ学生だった永六輔も投稿の常連だった。三木鶏郎が中心となってこのコーナーのために『冗談工房』という作家集団を作った時は五木寛之、野坂昭如らも参加している。

婦人科の病院で好待遇で働き始める
婦人科の病院なので、石炭を運んだりといった男手が必要ということで東高の歴代の先輩たちが働いている。学校推薦なので条件もよくて、書生みたいに自分の部屋も与えられたため勉強をしながら働くには絶好の職場環境だった。

昭和三六年、『エイト』の若いマスターとふたりでコーヒーの研究と称して有名店の視察を始める。その折に訪ねた有楽町の『ブラウン』はニッポン放送に近いこともあって、放送作家※になってからもずっと通い続けることになる。

昭和三七年、二三歳の頃、『エイト』と同時進行でジャズバンドのバンドボーイも始める。そのバンドは**雪村いづみ**や**弘田三枝子**のバックバンドをしていたので、ツアーの時は喫茶店を休んでバンドと一緒に全国を旅する。

バンドボーイ時代、のちに大橋巨泉事務所の社長になる近藤利廣と出会う。

昭和三八年、二四歳の頃、『エイト』のマスターの影響で始めた競馬で万馬券を当てる。家賃六〇〇〇円の時代に五万円近くの配当が付いたことで気持ちが大きくなって、『エイト』とバンドの両方に嘘をついて、石打丸山スキー場に遊びに行って骨折する。保険証がないので近藤利廣に保険証を借りて入院していると、その近藤から**前田武彦**がカバン持ちを探しているからやってみないかと声をかけられたので、松葉杖をついて面接に行って見事合格。正式に『エイト』とバンドボーイを辞めて、**前田武彦**のカバン持ちとして働き始める。

同年、三歳年下の女性と二四歳で結婚をする。

同年、**前田武彦**が『**フレッシュイン東芝ヤング・ヤング・ヤング**』という番組を持っていた関係で、作家ではなくただの付き人として初めてニッポン放送に入る。

昭和三九年、二五歳の頃、**前田武彦**のゴーストライターとして週刊誌に東芝製品

※放送作家になってからもずっと通い続けることになる。『ブラウン』はニッポン放送の近くにあったので毎日のように店で原稿を書いた。終日テーブルをひとつ占拠していた上に電話も取り次がせていたので評判は最悪。ついには「奥山さんのお宅ですか？」という電話がかかってくるようになって怒られてしまう。

【書　籍】
アンディキャップシリーズ全6巻（大橋巨泉と共訳／昭和45年発行／ツル・コミック社）
①売りだせアンディキャップ
②ずっこけ亭主アンディキャップ
③アンディキャップ二日酔い
④アンディキャップおん大将
⑤ヒックヒックアンディキャップ
⑥お手あげアンディキャップ

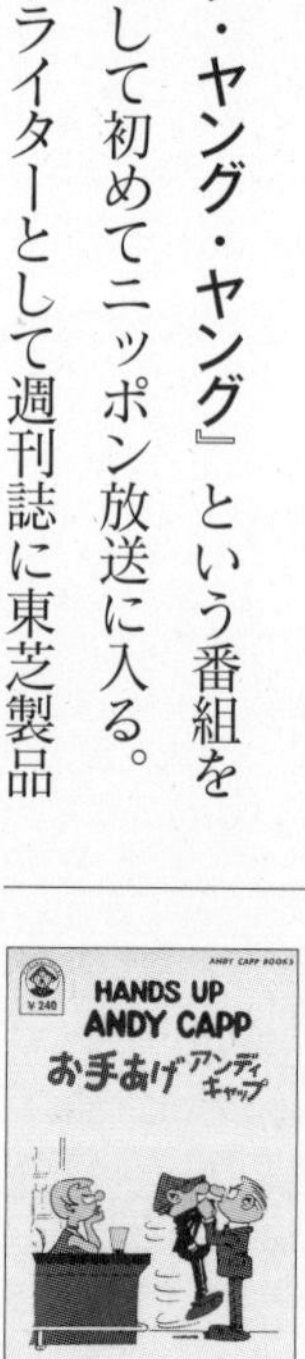

にまつわる連載コラムを執筆する。原稿料はもらえなかったけど、自分の文章が世に出たのはこの連載が初めてとなる。**前田武彦**の感想は「きみは若いのに老けた文を書くね」。永井荷風や夏目漱石ばかり読んでいたせいであろう。

昭和四〇年、二六歳の頃、**前田武彦**の事務所移籍に伴い、付き人を辞めて、**青島幸男**の弟子（みたいな存在）となる。

同年、ニッポン放送の『**青島幸男のまだ宵の口**』に作家として参加。これが放送作家として初めての仕事となる。

昭和四一年、二七歳で、**青島幸男**と**天地総子**がやっていたTBSラジオ『**青島・フーコの天下のジョッキー**』の台本を執筆。放送作家として二番目の仕事となる。

この年の五月、銀座『銀巴里』（美輪明宏や戸川昌子を輩出したシャンソン専門店）の番組案内に奥山侊伸が作詞作曲した『忘れなさいよ』が掲載される。

このころ、ドリフターズに追いつけ追い越せで頑張っていた長田あつしとファンキーガイズ（**殿さまキングス**の前身）のために台本を書く。

昭和四二年、二八歳の時にTBSラジオの『**プレイボーイ・クラブ**』という月刊プレイボーイ提供の洒落た音楽番組（出演は**大橋巨泉**ほか）の台本を書く。

同年、同じ**大橋巨泉**の司会で始まったフジテレビの『**ビートポップス**』の台本も書き始める。この番組で**藤村俊二**と親しくなる。

同年、日本テレビ『**11PM**』の作家陣に加わる。

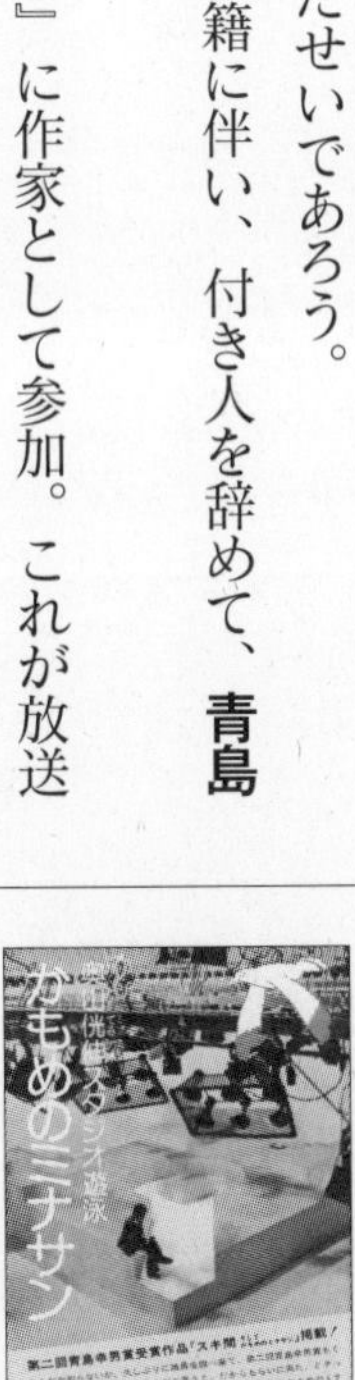

かもめのミナサン（昭和50年5月発行／立風書房）第二回青島幸男賞受賞作を収録。

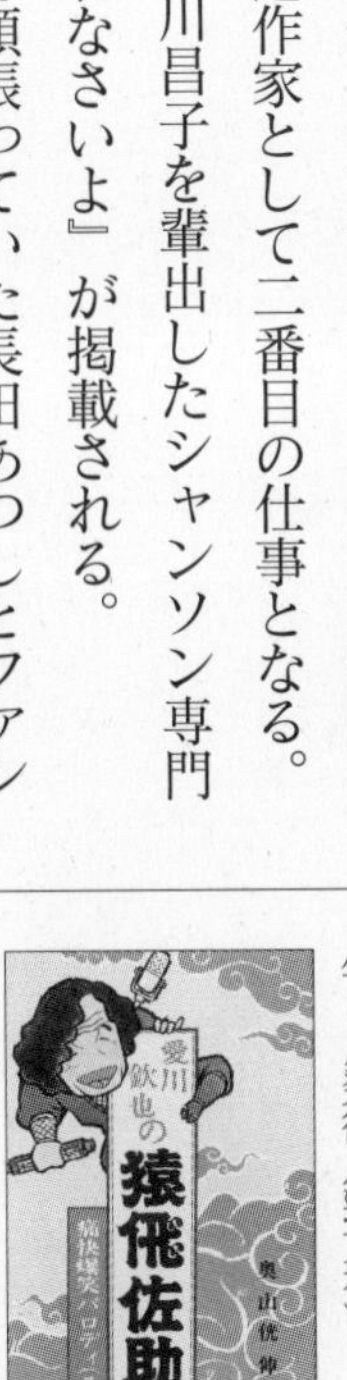

愛川欽也の猿飛佐助（昭和50年8月発行／勁文社）

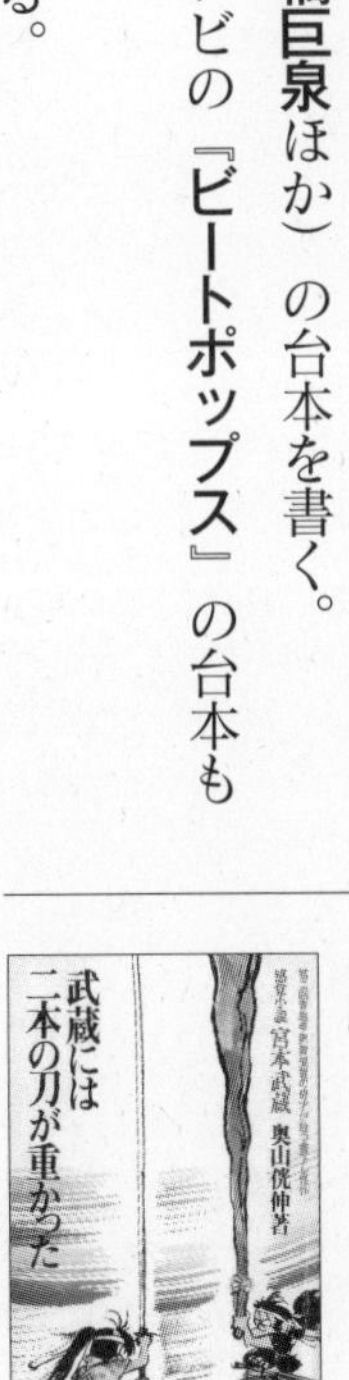

武蔵には二本の刀が重かった（昭和52年4月発行／ペップ出版）

昭和四一年一二月、日本テレビの**『シャボン玉ホリデー』**（第三四〇回『今年のヒットはピーナッツ』）の台本を田村隆と共著で初めて執筆する。翌々週の『のんびり行こうピーナッツ』を単独で執筆。以後、昭和四三年は一〇本（うち五本が視聴率二四％超え）、昭和四四年は新春一発目から計九本とコントを書きまくる。

昭和四三年、二九歳の時、**『プレイボーイ・クラブ』**の司会が**大橋巨泉**からミッキー安川に代わったのを機に、同番組の裏番組としてニッポン放送で始まった平凡パンチ提供の**『ザ・パンチ・パンチ・パンチ』**の台本を書き始める。初代パンチガールの**モコ**、**ビーバー**、**オリーブ**から二代目パンチガールの**海老名美どり**までの一〇年ほど担当して、その間に『わすれたいのに』というヒット曲を番組から出す。

同年、**青島幸男**が選挙に出たため、代役としてTBSラジオの**『青島・フーコの天下のジョッキー』**に出演する。これが人生初めてのラジオ出演。次に出演したのは同じTBSラジオの**せんだみつお**とのレギュラー番組**『せんみつのワクワクサンデー』**。どちらも書くのとしゃべるのとでは大違いで散々な結果に。やっぱり**青島幸男**や**せんだみつお**は本番になると凄いと再認識する。

昭和四四年、三〇歳の時にTBSの**『8時だョ！全員集合』**に企画から参加して多くのコントを書く。人生で唯一、自分から手を挙げて参加する。

同年、日本テレビの**『巨泉×前武ゲバゲバ90分！』**に企画から参加する。当時昇り竜の勢いだった**コント55号**の台本も書く。

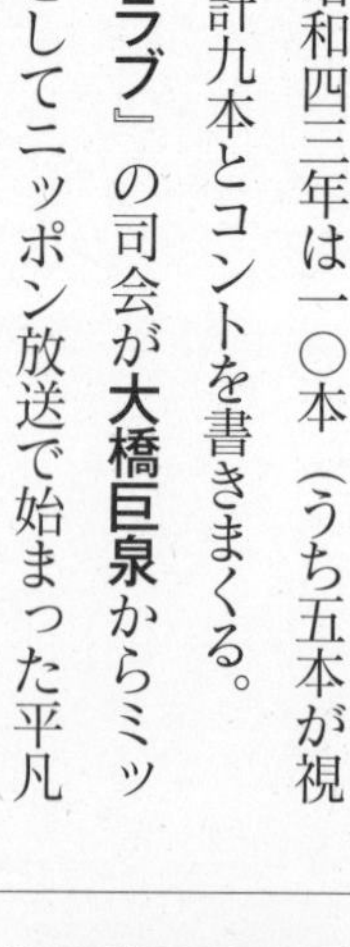

放送作家は万年新人募集中（昭和54年10月発行／CBSソニー出版）

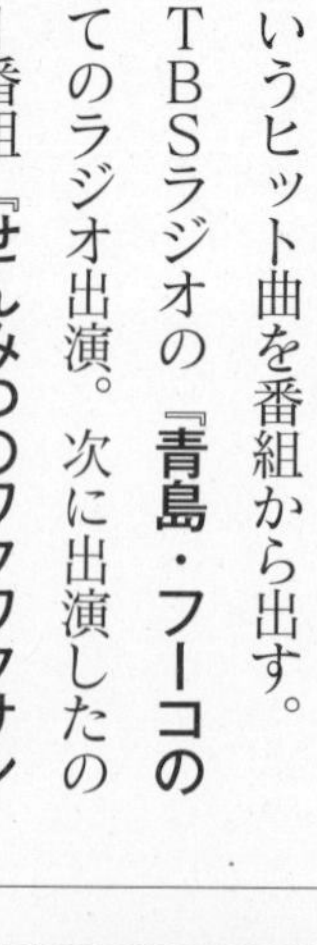

たかがラーメン、されどラーメン（昭和57年12月発行／主婦の友社）

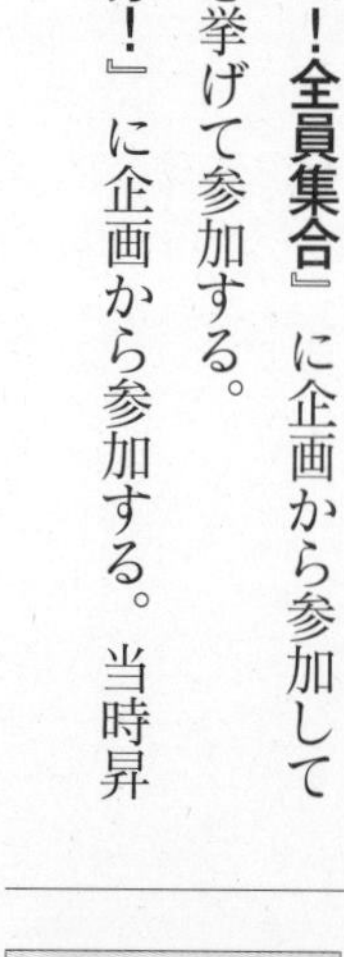

オールナイトフジでーす～私たちはバカじゃない（取材と構成／昭和59年7月発行／フジテレビ出版）

この頃、趣味で射撃（エアライフル）を始めて二級の腕前。

同じ頃、フジテレビの『**ミュージックフェア**』※の台本を書き始める。当時の司会は**南田洋子**と**長門裕之**で、昭和五七年からは**星野知子**。昭和六三年から司会をした**古手川祐子**の頃まで担当する。

昭和四五年、三一歳の頃、この年も『**シャボン玉ホリデー**』の台本を新春一発目から一〇本ほど執筆して、年末の『五〇〇回だぞピーナッツ』で卒業する。

昭和四六年、三二歳の時に『**巨泉×前武ゲバゲバ90分！**』の作家たちが中心となって**放送作家集団ペンタゴン**を結成する。リーダーが河野洋でサブリーダーが奥山と田村隆。井上ひさしなど三〇人近くの大所帯となるものの三年ほどで解散する。

同年四月から一年間、TBSの平日朝のワイド番組『**モーニングジャンボ**』の構成に参加する。

昭和四六年、三二歳の頃、TBSラジオの**愛川欽也**の『**パックインミュージック**』※に何故か毎週のように呼び出されて出演する。ちなみに『**パックインミュージック**』では木曜深夜担当の**野沢那智**と**白石冬実**のために中国の『金瓶梅』という有名な物語を現代風に脚色したラジオドラマの台本を一年ほど書いている。

昭和四七年、三三歳の時、フジテレビの若者向け情報番組『**リブ・ヤング！**』に企画から加わって台本を書く。司会は**愛川欽也**、**柴俊夫**、**ビーバー**。**ガロ**や**サディスティック・ミカ・バンド**のライブ、**キャロル**の初テレビ演奏で伝説の番組になる。

芸能界あいうえお（1996年6月発行／たちばな出版）

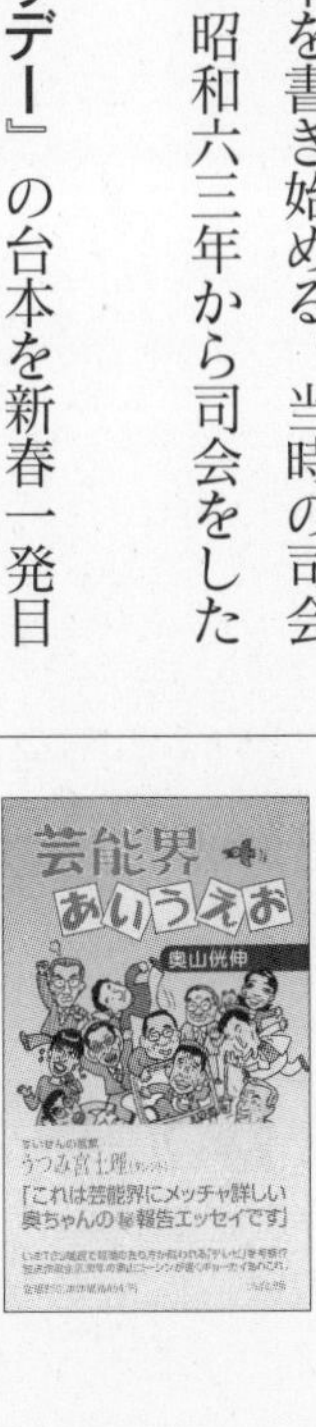

東京ウォーキングマップ～春・夏編（亀和田武、立川志らく、一龍齋貞水ほか共著／2008年4月発行／講談社）

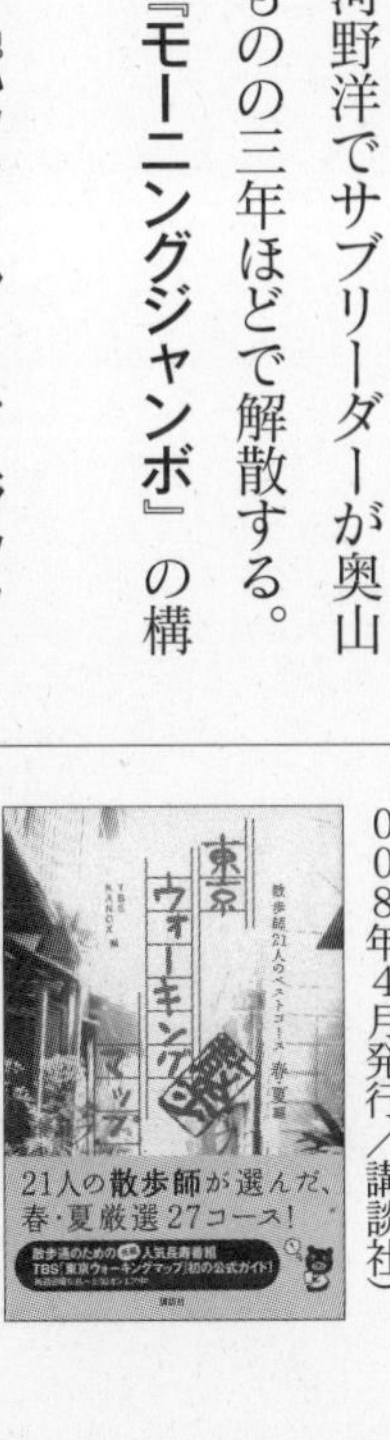

放送作家が教える売れる雑談（立川談春との対談も収録／2010年9月発行／産経新聞出版）

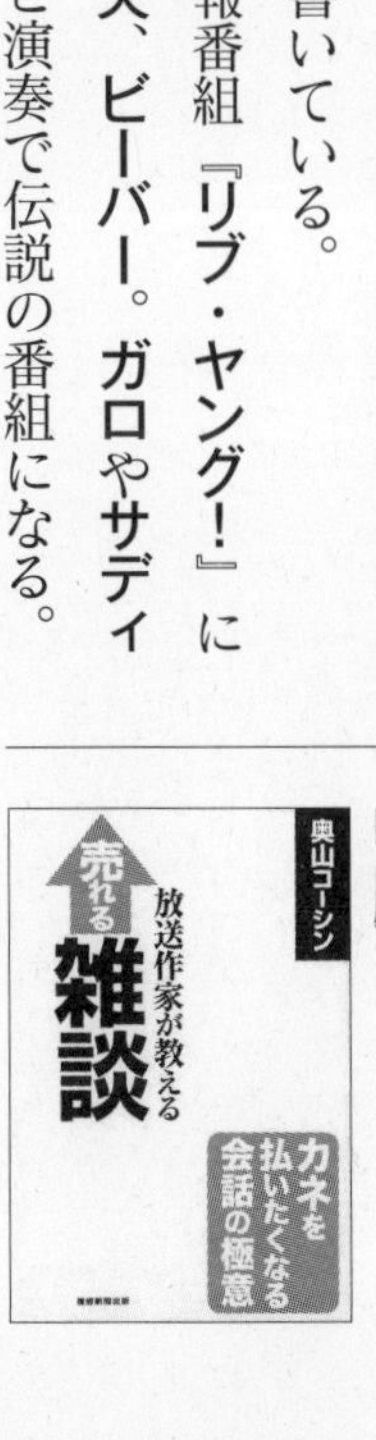

同じ昭和四七年の秋にはTBSで生放送された情報バラエティ番組『**ぎんざNOW！**』の司会に**せんだみつお**を紹介する。出演はほかに**ラビット関根**など。**BOWWOW**や**宇崎竜童**、デビュー前の**シャネルズ**などがライブ演奏をした。

この頃、TBSの廊下で居作昌果プロデューサーに声をかけられて『**お笑い頭の体操**』の作家陣に加わる。司会は**大橋巨泉**。

昭和四八年、三四歳の時にバンドボーイ時代に知り合った近藤利廣に誘われて大橋巨泉事務所の専属作家となる。

同じく同年秋から始まったニッポン放送の『**欽欽乃欽欽学学教室**』（昭和五一年四月からは『**欽欽のトッピンシャン**』）の構成作家になる。

この頃からフジテレビの『**ものまね王座決定戦**』の構成にも参加する。

昭和四九年、三五歳でTBSの『**せんみつ・湯原ドット30歌謡曲**』の構成を担当。

この頃から一〇年ほど、放送作家の仲間うちバンド**DNP**（泥縄プロ）を結成して※『ゲストに頼る大コンサート』を毎月第三金曜日に四谷コタンで開催する。

昭和五〇年三月から昭和五四年九月まで、東京12チャンネルなどが制作した平日のワイド番組『**こんにちは！奥さん2時です**』の台本に参加。司会は**川口浩**など。

同年八月から翌年三月にかけて、フジテレビ『**歌謡ヒットプラザ**』の台本を書く。

たぶんこの頃、人生初の小説『青春浮上』が前後編に分かれて学研『**高2コース**』に掲載される。同じ頃『**中一コース**』に『堺センセやる気十分』というユーモア小説

『ミュージックフェア』
印象深かったのは中島みゆきがボロボロ泣きながら歌ったのをそのままオンエアした回、山口百恵の最後のテレビ出演の回。マンハッタン・トランスファーとタモリのトランペットの競演にも圧倒された。

何故か毎週のように呼び出されて出演する。ラジオをつけながら仕事をしていると、愛川欽也が「奥山クン、聴いてるかな？ そろそろ来る時間だよ」と生放送の番組で呼び出された。

『ゲストに頼る大コンサート』
を開催する。ゲストは小林幸子、桂三枝と太田裕美のデュエット、先代の貴乃花と梓みちよのデュエット、永六輔、愛川欽也、星野仙一などなど。

『新春スター・かくし芸大会』
主に担当したのは堺正章の個

も掲載されているので、ひょっとしたらそちらが処女小説かもしれない。

昭和五一年、三七歳の時にフジテレビの『**今週のベストワン**』の台本を書く。

同年四月から昭和五五年三月までTBSの『**シャボン玉こんにちは**』の台本を書く。

同年一〇月から昭和五三年三月まで、NET（のちにテレビ朝日）の『**歌謡ハラハラサンデー**』の台本を書く。出演は**せんだみつお**、**前田武彦**、**内藤陳**など。

たぶん、この頃かもっと前からフジテレビの『**新春スター・かくし芸大会**』※の構成に加わる。当時の司会は**高橋圭三**と**芳村真理**で、西軍キャプテンは**植木等**、東軍は**ハナ肇**。司会が**逸見政孝**と**芳村真理**の頃まで一五年以上かかわる。

昭和五二年、三八歳の時、TBSのドラマ仕立てバラエティ番組『**たまりまセブン大放送！**』の台本を書く。出演は**たのきんトリオ**、**ピンクレディー**など。

同年一〇月、BMCの『**百恵・友和スペシャル**』を構成する。

この頃、TBSラジオの『**森田公一の青春ベストテン**』の作家にも加わる。

この頃から昭和五四年までTBS『**ロッテ歌のアルバム**』の構成作家に加わる。

昭和五三年、三九歳の時にTBSで始まった『**ザ・ベストテン**』に企画から参加して台本を書く（正確にはこの前身の番組から参加している）。

同年公開された映画『**桃尻娘**』（原作／橋本治）の主題歌を作詞する。

昭和五四年、四〇歳の頃、文化放送の**藤村俊二**のラジオ番組（番組名が思い出せない……💧）の台本を書く。


人芸。曲ゴマでは手から血を出しながらも演じていた。

久世ドラマの脚本を書く。テレビドラマの脚本はこの作品とフジテレビの『きれた電話でこんばんは』（主演／愛川欽也、松原智恵子）の二本だけなので貴重な経験となる。

初の冠番組が始まる。「ちょっとラジオを手伝ってくれないかな」という連絡がきたので、構成かキャスティングだと思ったら、自分の番組だった。

東京アナウンス学院お笑いタレント科の講師を務める。2期以降にははなわ、2005年度のゼミには柳原可奈子も在籍していたけど授業には一回しか出てこなかった。

『NEW新宿音楽祭』パネリストはほかに柳家喬太郎、ドリアン助川など。

昭和五四年、東京12チャンネルの深夜の帯番組『**トモ子、話のらくがき**』の台本を書く。出演はもちろん**松島トモ子**。

同年、アニソンブームの先駆けとなったスラップ・スティック（声優の**古谷徹**、**三ツ矢雄二**、**古川登志夫**らのユニット）の『青春とは何だ?』を作詞する。

同年、**今陽子**と**服部克久**の12回連続マンスリーコンサートを手伝い、このコンサートのために『I，envol（人生の離陸）』という歌詞を提供する。

同年から昭和五七年まで、TBSの『**人生ゲームハイ&ロー**』（最高視聴率二八・五％の人気番組）に作家として参加する。司会は**愛川欽也**。

昭和五七年、四三歳の時、喰始とふたりで久世光彦に呼び出されて、テレビ朝日の『**料理バンザイ！**』の企画にかかわることに。しばらく台本を書く。

同年、TBSの久世※ドラマ『**刑事ヨロシク**』（出演／**ビートたけし**、**岸本加世子**、**戸川純**、**ケーシー高峰**ほか）の第九話『刑事コロンダ』の脚本を一晩で書く。

同年一〇月から昭和六〇年九月まで、TBSの『**クイズ天国と地獄**』の台本を書く。司会は**山城新伍**。

昭和五八年、四四歳の時にスタートしたフジテレビの深夜番組『**オールナイトフジ**』に企画から参加する。司会は**松本伊代**、**秋本奈緒美**、**鳥越マリ**。レギュラー出演者だった**とんねるず**はこの番組で世に出た。

同年スタートしたTBS系列（毎日放送、イースト制作）の『**世界まるごとHOW**

【ステージ構成】
天地真理、たのきんトリオ、小柳ルミ子、菅原洋一、しばたはつみ、山口百恵などのコンサートの台本を書く。山口百恵は『秋桜』がヒットしていた頃だったので、「最近気がついたら言葉遣いがおかしいんですよ。電話がかかってきたら、コスモスって出ちゃうんです」と台本に書いたら、百恵ちゃんは笑ってくれたけど、ホリプロの担当者からは怒られてしまう。

【歌　手】

昭和49年、CBSソニーからデビューシングル『バカな俺』（作詞・作曲／信楽順三、演奏

マッチ』に企画から参加。夜一〇時台にもかかわらず最高視聴率三三・八%。

　昭和五九年、四五歳の時に一〇年ほど在籍した大橋巨泉事務所を辞めて、自身が代表となる事務所**DNP**（泥縄プロ）を設立する。バンド名がそのまま事務所名となる。当初は**秋元康**など弟子たち二〇人ほどが在籍。規模を縮小して現在に至る。

　昭和六〇年、四六歳の時、TBS系列の『**アッコにおまかせ！**』に企画から参加。四年後に自身のラジオ番組が始まってからも台本を書き続ける。

　同年、フジテレビで始まった『**夕やけニャンニャン**』の企画に参加する。

　同年一〇月、TBSで全四回放送された久世ドラマ『**おかあさん～たぬき屋の人々**』（脚本／金子成人、出演／**森光子**、**竹下景子**、**小泉今日子**ほか）にBARで**イッセー尾形**と大喧嘩する客の役として出演する。

　昭和六〇年頃、ラジオ関東の『**ケーシーの朝だゾ！セニョール**』の台本を書く。

　一九八九年、五〇歳の春、初の冠番組※『**奥山コーシンの日よう朝から生ワイド**』が札幌のSTVラジオで始まる。

　一九九〇年、五一歳の秋、『**奥山コーシンの日よう朝から生ワイド**』をさらにパワーアップさせた九時間のワイド番組『**奥山コーシンの日よういっぱい生ワイド**』が始まる。一九九九年四月まで続いたので、その間、毎週、東京から札幌に通う。

　一九九三年七月、都政五〇周年を記念して発売されたCD『TOKYO』に作詞家として参加。**岩谷時子**や**湯川れい子**らと名前を連ねる。


／ザ・サラブレッズ＋DNP）が発売される。同曲を収めた自主製作のソノシートを愛川欽也の『パックインミュージック』でかけたら大反響だったためメジャーデビューとなる。ジャケット画も愛川欽也。

昭和53年、CBSソニーから第二弾シングル『今わかりかけて』（作詞／奥山侊伸、作曲／信楽順三）が発売される。

昭和62年、キングレコードから発売された早川悠子の『信じてもいいかしら』のB面『想いでのSUMMER GIN』（両面とも作詞も担当）で早川悠子とデュエットする。

一九九四年八月、ソミドホールの第三回立川流一門会にて初高座『火焔太鼓』を演じる。奥山侊伸のほかは**モロ師岡**、**ダンカン**、**爆笑問題**、**立川志らく**、**立川談志**という顔ぶれ。終了後、談志師匠に叱られる。

一九九五年四月から定年となる二〇〇六年三月まで、東京アナウンス学院※『お笑いタレント科』の講師を務める。第一期生は**立川こしら**、**原口あきまさ**など。

同年、ラーメン好きが高じて、ラジオ番組内で自らプロデュースした『奥山コーシンの日よういっぱい生ラーメン』を発売。このあと、塩辛、アンパン、コーヒー、ケーキなども発売する。ラーメンは改良を重ねて最終的に談志師匠にほめられる。

二〇〇〇年、六一歳の時に立川流Bコースで**立川侊志ん**襲名。九月には国立演芸場にて『立川侊志ん命名記念落語会』を開催する。出演は立川侊志んのほか、**ミッキー亭カーチス**、**立川志らく**、**立川談志**、座布団返しが**松島トモ子**、客席には**毒蝮三太夫**、**山城新伍**という豪華な顔ぶれ。

二〇〇一年、六二歳の時に旭川のFMりべーるで『**コーシンのいっしょけんめい!**』という生放送と録音が隔週の二時間番組が始まる。現在も継続中。

二〇〇二年、六三歳の時にTBSの『**NEWS23**』にてフラッシュアニメを使って時事ネタを笑い飛ばすコーナーの台本を書く。その後、**筑紫哲也**から「ニュースにキャッチコピーをつけて」と頼まれるけど、こちらは長続きせず自然消滅。

同年一二月、新宿コマ劇場で開催された『NEW新宿音楽祭』に出演する。

1992年、ポニーキャニオンからCDシングル『愛の破片(かけら)』(作詞/奥山侊伸、作曲/猪俣公章)発売

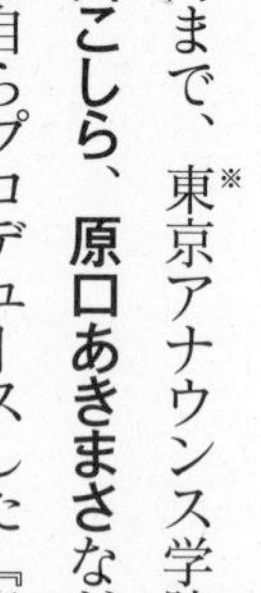

2009年、秋元康プロデュースのシングル『山頭火』(作詞/奥山侊伸、作曲/信楽順三)が発売される。

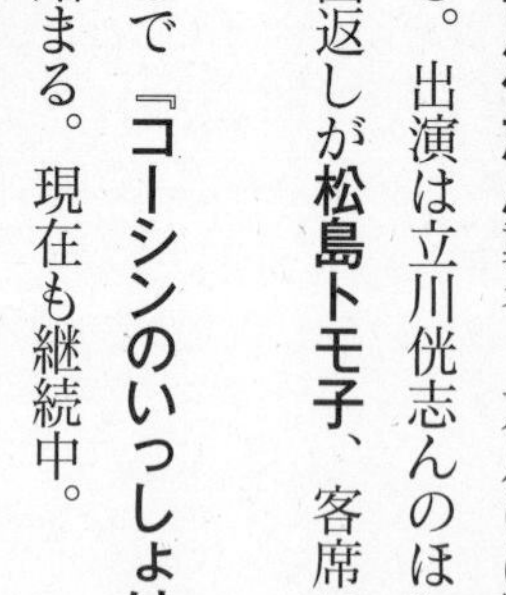

【カセットブック】
昭和59年、CBSソニーからカセットブックとして発売されたとんねるずの『サウンドマップ原宿』の構成、台本を担

同年一二月、旭川で開催された『**筑紫哲也**講演会』（FMりべーる主催）に特別ゲストとして出演する。

二〇〇三年、六四歳の時に旭川で開催された『**立川談志**公演』（FMりべーる主催）をプロデュース。特別ゲストとして出演もする。

二〇〇四年一月～二月、故郷の旭川で『奥山コーシンゴッタ煮展』を開催。これまで手がけてきた台本などを展示する。

二〇〇五年、六六歳の時に旭川で開催された『第弐回**立川談志**公演』（FMりべーる主催）に特別ゲストとして出演する。

二〇〇七年、六八歳の時、札幌で開催された『**立川談春**落語会』に立川侊志んとして出演する。

二〇一二年、七三歳の時に**新宿末廣亭**の**六月中席**（六月一一日～二〇日）夜の部の仲入り後に立川侊志んとして出演する。初日は特別出演として**永六輔**が出る。

二〇一五年、七六歳の春、全国のAM局に配信されている**鈴木奈々**とのラジオ番組『**鈴木奈々のナナ転び八起き**』が始まる（二〇一七年六月からはお相手が**鈴木奈々**から**IMALU**に変更になったため『**まるごとIMALU**』に改題）。

二〇一七年一月、弟子の森浩美（田原俊彦の『抱きしめてTONIGHT』やSMAPの『青いイナズマ』、KinKiKidsの『愛されるより愛したい』などの作詞家）とのトークライブを南麻布で開催する。

当。明石家さんまのカセットブックも担当している。

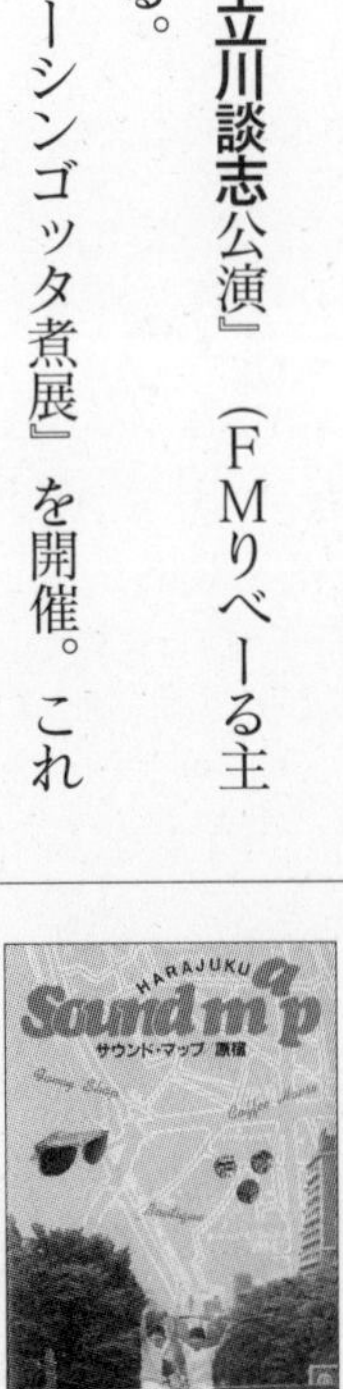

【ファミコンソフト】
昭和62年にナムコが発売したファミコンソフト『さんまの名探偵』のシナリオを担当。

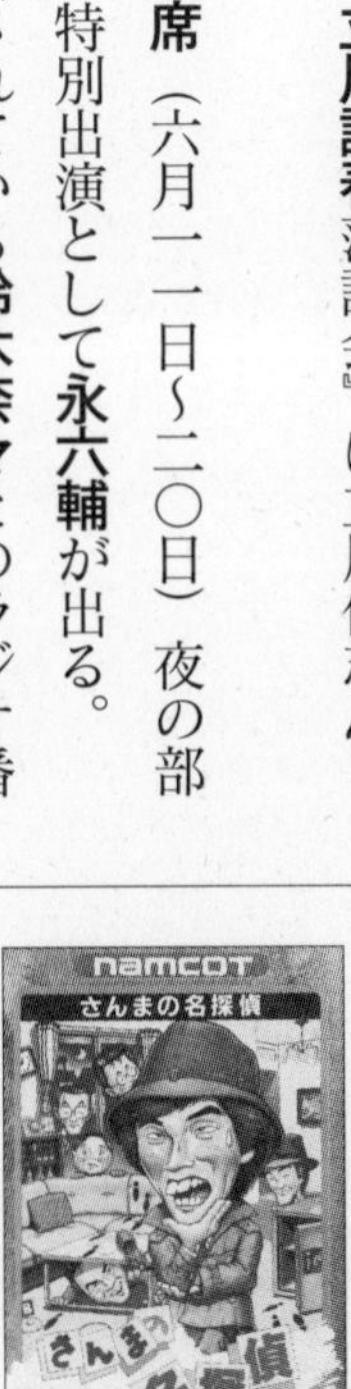

【作　詞】
ダウンタウンブギウギバンドの『カッコマンブギ』、横山やすしの『さよなら大三元』（作曲は森田公一）、せんだみつおの『明日がないさ』（青島幸男公認）ほか多数。

あとがき

昭和の放送業界をふり返ってみると、ワタシが青島幸男さんの下で働き始めた頃はメールはもちろんファクシミリもなかった。

原稿が書き上がったら生の原稿を持って放送局に自分で届けに行く。そして、そこでディレクターとサシで勝負する。どこが違っているのかを目の前でディレクターに指摘してもらい、納得がいかなかったら何度でも食い下がる。そうすると覚え方が違うんです。その場で何が足りないのかを納得して、相手が求めているものを理解して、腑に落ちるわけです。

昭和の放送業界と現在のそれを比べると、コミュニケーションの密度が一番の違いではないかと思う。今の人たちはメールでパッと送って、その後のやりとりもメールやせいぜい電話で済ませてしまうので、それじゃ伸びないよなぁって思ってしまう。実際にはちゃんと伸びているんだろうけど、人と人の間に隙間が空いてしまうんじゃないかなぁと心配になる。

辞める時だってそうだ。自分の考えが通らなかっただけで「私には合いませんでした」とメールで送ったり、デスクの上にメモを残すだけだったり。「じゃ、お疲れでした～」ですべて終わっちゃう。

あと、昭和のテレビと今のテレビとの違いと言ったらなんだろう。

先日、立川志らくが『男はつらいよ』について語るという特番の台本を書いたので、現場に居たけど、なんだろう。製作会社のディレクターやスタッフから、いい番組を作るんだ〟という情熱があまり感じられなかった。問題を起こさないで効率よく番組を作ることが一番上にきていると感じた。

比べると、昭和の現場はもっとピリッとしていた。

カメラを切り替えるタイミングが違うと思ったらすぐに口に出した。「こら、バカヤロー」という罵声が飛び交っていた。今はそんなことを言おうものならパワハラになるのかもしれない。

若いテレビマンたちが、あの『8時だョ！全員集合』や『シャボン玉ホリデー』の現場に行ったら、どう思うだろう。ふと、そんなことを思いながら現場を見ていた。

郷里の出版社から「本を作りましょう」と声をかけられたのは三年ほど前のことだ。

どんな本？　エッ、喫茶店の本？

そう。最初は確か『昭和の芸能人が愛した喫茶店の本』という企画だったと記憶している。

それはそれで面白いと思ったけど、残念なことにその多くが今は残っていないのである。辛うじて残っているといったら、永六輔さんと行った四谷の『ロン』とか、前田武彦さんが締め切りギリギリに追い込まれると原稿を書いていた銀座の『ウエスト』とか、井上ひさしさんが締め切り間際というか締め切りを過ぎてから原稿を書いていた四谷のジャズ喫茶『いーぐる』ぐらいだろうか。あとは見事になくなってしまった。これでは本にならない。

次に会った時、彼はワタシが話す芸能界の裏話が面白い〟と言う。

そして、昭和を締めくくるような本を書きましょうと畳みかけてくる。

そうか。昭和は遠くなりにけり……という心境だったので心が動いた。

昭和を代表する大物、怪物、妖怪、変人、巨星たちと、とても近い距離で仕事をしてきたワタシでなくては書けないことや、世間で知られている番組の裏側を残しておくのもいいかな、と思った。

結局、思いつくままに、ワタシが好きだった人の話を書き始めたのだけれど、すぐに筆が止まった。

書き始めてすぐの二〇一五年四月一五日、無名時代からの盟友、愛川欽也がいなくなったのだ。

「おまっとさんでした」と帰ってきてはくれなかった。

しばらく筆が止まった。

やっと書き始めたら、あっ、あっ……、二〇一六年七月七日、永六輔さんが遠くへ行ってしまった。

そして、その五日後には大橋巨泉さんも立て続けに逝ってしまった。覚悟はしていたけどやはりショックは大きかった。結局、全部書き直すことにした。自分も忘れていたようなとっておきのエピソードを必死に思い出して書くことがワタシなりの供養だと思ったからだ。

年が改まったので、今年こそ書くぞ〜と思った矢先の二〇一七年一月二五日、大好きだったおヒョイさんが、ヒョイっと消えてしまった。

全身の力が抜けた。

結局、書き終わるのに三年以上もかかってしまった。

その間、「本をかきましょう」と声をかけてくれた舘浦あざらし編集長はジッと待ってくれた。そして、少し書いては原稿を渡す度に必ず「最高です〜」と褒めてくれたことがエネルギーになった。

今、ラジオでＩＭＡＬＵちゃん（その前は鈴木奈々）と毎週話をしているけど、「昔、青島幸男って人がいてね……」と話してもなかなかピンときてくれない。どれほど凄かったのかを説明しても解ってもらえないので、昭和の話はもう封印しようと思っていたけど、舘浦あざらし編集長はそんな昔話を時に目をキラキラ輝かせながら、時に抱腹絶倒しながら「面白い💭」と褒めてくれた。

そんなあざらしくん（札幌在住）と奥山（東京在住）の打ち合わせ場所は旭川だった。

旭川のＦＭりべーるというラジオ局で毎週三時間のラジオ番組をやっている関係で、ＦＭりべーるの山川局長が収録や番組の打ち合わせの合間に、あざらしくんとの打ち合わせ時間を配慮してくれた。

艶っぽい打ち合わせ場所を確保してくれた旭川の幼なじみ、六車勝にも感謝💭

美味しい料理を食べさせてくれた旭川のアチコチのお店にも感謝💭

帯にマムシさんらしい素敵なメッセージを寄せてくれた毒蝮三太夫さんにも感謝💭

そして、書きましょう、面白いを連発してくれたあざらし編集長にも感謝💭

「昭和を引きずりながら生きている人たちが世の中にはいっぱい居て、その人たちがこんな本を待っているはずだからきっと売れます💭」と彼は熱く語るのである。こんな本というのは文献に頼るのではなく、作家として同じ空間にいた人間が記憶だけを頼りに書く物語のことらしい。

そんな物語が書けただろうか。書いたつもりです。ワタシにしか書けない知られざる物語を。

最後に、今、このページを読んでくれている貴方に感謝💭

ワタシはもうすぐこの世から居なくなるけど、昭和の芸能界の話は書き尽くしたし、言い尽くしました。もう、なんにもありません💭

二〇一七年九月吉日

奥山侊伸

後口上

ども。編集を担当している舘浦あざらしです。この本を買ってくれて本当にありがとうございます。

奥山侊伸さんはどんな人かというと、まず格好がいい。ダメージジーンズや革ジャンが似合う七九歳なんてなかなかいないでしょ。煙草を吸う姿なんていぶし銀の俳優みたいだしね。

ただし、奥山センセイ、金儲けの才能はあまりない。

構成していたラジオ番組『ザ・パンチ・パンチ・パンチ』のパーソナリティだったモコ、ビーバー、オリーブのために書いた『わすれたいのに』を由紀さおりがカバーして世界的にヒットしたというのに、買い取り契約だったため一円も入らなかった、みたいな話がいっぱいある。

奥山侊伸さんの武勇伝で一番好きなのが、企画から携わった『ザ・ベストテン』を辞める時の話だ。

当時、人気絶頂だったピンクレディーの扱いを巡って、毎回会議が八時間、九時間と長引くことに嫌気が差した侊伸さんは番組プロデューサーと喧嘩をしてしまうんよ。

「おれは手を引くぞ。でも、ひとつお願いがある。葉書整理をしている弟子の秋元康は才能があるから、アイツは辞めさせずにこれからも使ってほしい。」

まだ高校生だった秋元康の才能にいち早く気付いた侊仲さんは自分の明日より弟子の将来を心配したんだろうね。格好いい話でしょ。細部は多少違うかもしれないけど、まあ、だいたいこんな話ね。

世良公則の『あんたのバラード』の替え歌で「チャンタにあげたあのパイを〜、いまさら返せとは〜言わないがぁ……♪」と唄っていたら、ほめられたので、その勢いで、横山やすしの『さよなら大三元』という歌を書いちゃった話とか、いろいろある侊仲さんの話の中で一番笑ったのは天地真理の話だ。

天地真理のショーの台本を書いた関係で『天地真理を守る会』を結成したんですと。侊仲さんと愛川欽也さんとテレビ東京のディレクター氏の三人で。そのディレクター氏の家に真理ちゃんが来て、みんなで食事をしたりして、ますますファンになったわけです。で、それから、月日が流れて、久しぶりにテレビに出た天地真理の姿を見て侊仲さんはなんと思ったか？

「やしきたかじんさんと同じですよ」

「たかじんさんはなんと言ったんですか？」

「頼むから死んでくれ♡」

ははは。

実はこの本、前半は奥山侊仲さんの書きおろしによる【昭和のあなた】、後半はインタビューをまとめた【昭和のテレビ】という二部構成にする予定だったのですが、前半の書き下ろし原稿だけで一冊になったので、今回は言わば『昭和のテレビと昭和のあなた』の【あなた編】であります。

この本が売れてくれたら【テレビ編】も出しますので、昭和を引きずっている心優しい皆さん♡。

応援よろしくお願いいたしますね♡。

発行人　舘浦あざらし拝

『天地真理を守る会』の発足メンバー。左から奥山侊伸、愛川欽也、テレビ東京の板倉ディレクター〈『きん・レモ歌謡曲』の収録現場にて〉

この本は薄れていく記憶と格闘しながら、三年がかりでせっせと書き下ろしました。

【STAFF】
編集、ブックデザイン●舘浦あざらし
イラスト●佐々木知子
ＤＴＰ●飯野 栄志
取材協力●ＦＭりべーる●六車 勝
【SPECIAL THANKS】
●琉球処ちゅらうたや（札幌市／狸小路）
●琉球祭古酒屋（旭川市／四条通り）
●和食処松井（旭川市／パリ街）
●まとりや小五郎（旭川市／昭和通り）
●居酒屋天売（旭川市／四条通り）
●ＶＯＩＣＥナウ（旭川市／四条通り）
●ラウンジ・トレビアン（旭川市／三条通り）

昭和のテレビと昭和のあなた

〜前田武彦、青島幸男、永六輔、大橋巨泉、藤村俊二、愛川欽也、坂本九、立川談志〜

2017年11月18日 第一刷発行

著　者●奥山 侊伸
発行人●舘浦あざらし
発行所●のんびり出版社 海豹舎
〒065-0024 札幌市東区北24条東3丁目1-16
北日本寝具ビル
☎011-751-7757 fax011-663-6626
印刷・製本●ワークプリント札幌

ＩＳＢＮ978-4-901336-34-5